Marcel Boulenger

1758   67

Librairie P. Ollendorff

1913

Cours de Vie Parisienne

8 feuilles 28 pages in-18 Jésus

200 exempl

Conserver cette Couverture

1758

COURS

DE VIE PARISIENNE

A L'USAGE DES ÉTRANGERS

DU MÊME AUTEUR

ROMANS ET CONTES

La femme baroque. — Le page. — La croix de Malte. — Couplées. — Au pays de Sylvie. — Souvenirs du marquis de Floranges. — L'Amazone blessée. — Les doigts de fée. — Le pavé du roi. — Mes relations. — Le marché aux Fleurs.

VARIA

Les quatre maladies du style. — La querelle de l'orthographe. — Lettres de Chantilly. — Nos élégances. — Opinions choisies. — Introduction à la vie comme-il-faut.

EN PRÉPARATION :

Le Fourbe, roman.

MARCEL BOULENGER

COURS

DE

VIE PARISIENNE

A L'USAGE DES ÉTRANGERS

PARIS

Société d'Éditions Littéraires et Artistiques

LIBRAIRIE PAUL OLLENDORFF

50, CHAUSSÉE-D'ANTIN, 50

Tous droits réservés.

AVANT-PROPOS

La méthode Berlitz est excellente. Un étranger
arrive rapidement, grâce à elle, à s'exprimer en
français avec facilité. Mais cela ne saurait suffire
à quiconque forme le projet de faire dans Paris
un séjour de quelque durée. La belle affaire de
savoir demander correctement l'heure qu'il est,
le temps qu'il fait, le chemin pour aller à l'hôtel,
le canif de mon oncle, la pantoufle, les rôties et le
plumier du cousin germain, et diverses fadaises !

Un étranger a besoin de bien autres conversations chez nous. Il lui faudra séduire des jeunes
femmes, deviser de politique et de littérature,
d'art et de fines mondanités : sinon il ne connaîtra
pas vraiment notre société, il ne pourra tenir sa
place, il s'ennuiera, et aura l'air d'un intrus.

Pour combler cette lacune, l'auteur de ces lignes
a tenté de rédiger plusieurs entretiens courants,

qu'un étranger puisse répéter utilement et avec grâce dans les circonstances les plus importantes de la vie parisienne. Ainsi n'en aura-t-il que plus d'aisance à émerveiller les dames, causer agréablement au cours d'un dîner en ville, se faire des relations, passer enfin pour un homme instruit de tout, et qui semble vivre depuis long-temps sur notre boulevard. C'est cet ensemble de propos exemplaires que nous intitulons : *Dialogues usuels.*

Ce recueil sera complété par des modèles de lettres destinées à accepter ou à refuser un dîner, à avouer sa flamme envers une jeune personne, ou au contraire à rompre avec elle, etc., cas les plus fréquents, et même continuels de l'existence quotidienne. Il contiendra également quelques notes touchant certains personnages du monde proprement dit, de la politique et des arts, dont il est impossible de ne pas connaître au moins le nom et la situation sociale, si l'on désire entendre un traître mot aux revues de fin d'année. Ces notes ne sont données qu'à titre d'indications. La société parisienne offre en effet une cinquantaine de personnes des deux sexes, au minimum, qu'il faut pouvoir nommer à première vue. Chaque étranger aura soin de se composer un petit répertoire personnel des têtes de chez nous : ce seront ses fiches. A chacun les siennes.

Enfin, comme suite indispensable à nos *Dialogues*, l'étranger — ou l'étrangère — trouvera plus loin des *Conseils pratiques*, touchant l'habillement, la tenue, les gestes et les paroles qui sont désirables et comme-il-faut, tant aux courses qu'en visite, au Bois de Boulogne ou à la campagne, etc.

Pour terminer, et afin de plonger, pour ainsi dire, l'étranger — ou l'étrangère — au beau milieu de nos préoccupations ordinaires, afin de lui fournir des sujets de réflexions à l'ordre du jour, ainsi qu'un certain nombre d'idées propres aux penseurs du boulevard et des arrondissements situés à l'ouest de notre ville, nous avons cru devoir placer à la fin de ce volume un *Choix de méditations pour les quatre saisons*. Nous sommes certains d'aider beaucoup, par ce moyen, les nouveaux venus dans la capitale : ces sortes d' « exercices spirituels » les amèneront plus facilement à bien s'assimiler notre inimitable manière parisienne de voir et de juger.

Un dernier avis. Le modeste ouvrage que voici, précieux pour les Russes, les habitants de l'Europe centrale, les Argentins, les Japonais, les

Chinois, etc., sera néanmoins entièrement vain en ce qui concerne les Anglais. Nul n'ignore, en effet, que le fait de parler anglais, et d'être né dans le cher Royaume-Uni, dispense de toute espèce de conversation française. Quiconque, en France, appartient à la société distinguée, pense et rêve en anglais; chacun sait ça : il y aurait donc de la discourtoisie, pour un sujet de Sa Majesté Britannique, à vouloir imposer son français. Cela ne se fait pas.

M. B.

1. — DIALOGUES USUELS

Cours de Vie Parisienne

(À L'USAGE DES ÉTRANGERS)

POUR SÉDUIRE UNE JEUNE FILLE

— Vous avez une bien jolie robe, mademoiselle.

— Oh ! elle est toute simple...

— C'est ce qui en fait le charme. Je vous avoue que les toilettes m'intéressent beaucoup. Cela semble peut-être singulier de la part d'un homme, mais j'ai toujours été ainsi. Si mes sœurs (1), là-bas, dans mon pays, vous voyaient, elles seraient très étonnées et charmées. Elles voudront aller chez votre couturière, quand elles viendront à Paris.

— Sont-elles mariées?

— Pas encore.

— Je suis sûre qu'elles s'habillent très bien aussi.

— Mon Dieu, elles sont gentilles; mais elles n'ap-

(1) Si vous n'avez pas de sœurs, remplacez-les par des cousines : l'effet sera le même.

prochent pas de votre élégance. Et puis elles ne sauraient, comme vous, porter des toilettes aussi originales, en même temps qu'aussi délicieusement « jeune fille ». Car tout cela est d'un ton, d'un goût !... Réellement, au prochain voyage de mes sœurs, il faudra que vous acceptiez de leur donner des conseils.

— Bien volontiers ; mais elles n'en auront pas besoin. Est-ce que mesdemoiselles vos sœurs sortent beaucoup ? Vous avez des bals, des soirées, là-bas ?

— Peuh ! vous savez, on fait ce que l'on peut pour s'ennuyer le moins possible. Il y a des fêtes, par-ci, par-là. Néanmoins, tout ceci est un peu... comment dites-vous ?... un peu province... Oui, voilà, un peu province. Si j'avais le bonheur, moi, d'épouser jamais une Parisienne, je l'emmènerais sans doute accomplir quelque voyage de noces dans mon pays, le temps de faire recevoir la jeune suzeraine par les paysans de nos terres, selon les rites traditionnels chez nous : mais ensuite, je reviendrais habiter Paris, et ne voudrais le quitter que pour voyager de temps à autre, pour aller à Deauville en août, à Cannes en février, et prendre quelques cerfs ou tirer des faisans chez des amis, en automne. Où aimeriez-vous habiter, mademoiselle ?... Moi, je rêve d'un hôtel du côté du Bois, ou bien vers Passy, vers Chaillot, ou encore sur la rive gauche.

— Vous ne trouvez pas cela un peu loin ?

— Ma foi, non, avec deux bonnes autos.

— Pourquoi deux?

— Une pour le jour, une pour la nuit. Je sortirais tous les soirs, si j'étais marié : je ne voudrais pas que ma femme manquât une seule répétition générale, ni qu'une soirée un peu importante eût lieu sans qu'elle y fût conviée.

— Eh bien, et vos affaires?

— Oh! il y a temps pour tout... D'ailleurs, j'ai grand besoin de me reposer un peu, depuis le terrible procès de la White Star Company (1).

— Qu'est-ce qu'un procès si fatigant?

— N'en avez-vous pas entendu parler? En deux mots, voici... Cependant, cette conversation est bien sérieuse, mademoiselle, et j'en ai honte.

— Du tout, du tout. Racontez-moi donc ce fameux procès.

— J'ai voulu truster le charbon, dans mon pays, tout simplement, et, comme riposte, la White Star Company a prétendu me ruiner. Mais j'ai triomphé sur toute la ligne, après un procès qui a duré cinq ans. On ne ruine pas comme ça un citoyen qui possède vingt lieues carrées de terres.

— Oh!...

— Cinquante millions au soleil.

— Cinquante!...

(1) On peut faire choix de tout autre nom, au hasard : qu'est-ce qu'on risque?

— Tout une rue à... (1)

— Une rue !...

— Trois mines de charbon, une de cuivre, une d'or...

— Une d'or !...

— Et tous les diamants de l'ancien cacique des Lagos Sombras, au Pérou (2).

— Des bijoux anciens !...

— Ce sont des splendeurs étranges et barbares. Bien souvent, on me les a demandés pour des expositions. On a voulu me les acheter. Plus d'un collectionneur m'a dit : « Mon cher comte... »

— Vous avez donc un titre?

— Comte?... Oui, le titre est depuis un siècle dans ma famille. Mais je ne le porte pas en France : un titre étranger... J'aurais peur de faire sourire les Parisiennes.

(Ici, la jeune fille est assurément vaincue par l'émotion. Ce qu'elle répond n'a plus aucune importance. On peut laisser passer un instant de silence, et reprendre d'une voix légèrement tremblante et altérée :)

— Il me serait cruel de prêter à sourire aux Parisiennes, et surtout... surtout à vous, mademoiselle... Depuis que j'ai eu le bonheur... l'immense bonheur

(1) Citer une ville étrangère un peu connue, non une capitale cependant : ne rien exagérer.

(2) Ou, si l'on préfère, nommer un maharajah, un boïard, un sultan détrôné, peu importe.

de vous être présenté... depuis que je vous admire et...
mademoiselle... que je vous aime...

(*Etc... Le plus fort est fait, maintenant. On
pourra toujours se tirer du reste.*)

***

POUR SÉDUIRE UNE DEMI-MONDAINE

— Vous avez une bien jolie robe, madame.

— Peuh ! c'est une vieillerie. Je l'ai traînée tout
l'hiver.

— De la part d'une femme aussi élégante que vous,
cela m'étonnerait. Je ne connais personne qui s'habille
avec autant de chic et de convenance. Car c'est ce
point surtout qui tient du prodige : vos toilettes ne
ressemblent à celles d'aucune autre, on ne voit que
vous lorsqu'on arrive dans un restaurant ou dans une
salle où vous vous trouvez, et en même temps tout
cela est incroyablement sobre, discret et « faubourg
Saint-Germain ». Comment faites-vous? On croirait
toujours que vous allez tenir votre place dans une
vente de charité pour l'ordre de Saint Pomairols ou
des Révérends Pères Péguistes...

— Mon père, monsieur, était un officier supérieur, et ma famille a tenu naguère le premier rang dans la meilleure noblesse provinciale.

— Eh bien, vous me croirez si vous voulez, mais je n'en suis nullement surpris : cela se discerne immédiatement.

— Ah?... Et à quoi donc, cher monsieur?

— A votre extraordinaire distinction. Vous avez une allure inouïe, d'un correct prodigieux, et d'un racé !... On voit bien que vous avez été élevée au couvent : on a beau dire, cela laisse un je ne sais quoi, un parfum d'aristocratie indélébile... Monsieur votre père devait être bien fier, quand la sentinelle lui rendait les honneurs, de donner le bras à une fille aussi « pur sang » que vous, passez-moi cette expression...

(La jeune femme, demi-pâmée d'aise, non seulement passe l'expression, mais encore sent naître à cet instant les premiers mouvements d'une puissante sympathie. On peut ordinairement, en cette minute, lui embrasser quelque chose, une épaule, un doigt, un bout de cou. Néanmoins un dernier effort reste à accomplir. Et c'est pourquoi vous dites :)

— Mon idée va peut-être vous sembler folle, mais il y a une chose que je n'arrive pas à m'expliquer, je vous l'avoue...

— Allons, dites...

— Mon Dieu, puisque vous y tenez, voilà : comment

diable arrive-t-il que, douée comme vous l'êtes, vous ne fassiez pas du théâtre?... Voyons, c'est insensé ! Mais votre carrière y est tracée d'avance. Vous auriez un succès immense, et facile, et prompt !... Je connais pas mal de directeurs : voulez-vous que je m'emploie pour vous?...

(Ici, ouvrez les bras : la dame y tombe, transportée de tendresse.)

◆

POUR SÉDUIRE UNE DAME DU MONDE

(Ce dialogue sera plus court. La séduction d'une femme du monde nécessite moins de paroles que les deux précédentes, à savoir celle d'une jeune fille avec dot et celle d'une demi-mondaine. Elle prend aussi moins de temps. Nous nous permettons de la recommander très vivement à MM. les étrangers en voyage à Paris, et disposant d'un nombre limité de jours.)

— Vous avez une bien jolie robe, madame (1).

(1) On remarquera que tous nos dialogues « pour séduire » commencent par la même phrase : mais c'est une formule de tout repos, et qui plaît. Elle prête à qui la prononce une grande réputation d'intelligence et de goût.

— Bah! c'est commode, voilà tout, c'est pratique.

— J'en ai remarqué une semblable, je crois, que portait une bien jolie femme, presque aussi jolie que vous, chez la comtesse de Vaurien.

— Ah? vous connaissez la comtesse de Vaurien?

— Cette bonne Isabelle? Si je la connais! Mais c'est une amie d'enfance. Nous avons fait des pâtés ensemble, autrefois, chez la princesse de Santa Lucia.

— Celle qui a épousé le chambellan du dernier roi de Naples?

— Celle-là même : elle m'a presque élevé. C'était comme la sœur de lady Pantall, ma cousine. Cette excellente cousine Edith! Je l'ai revue, cette délicieuse cousine Edith, il n'y a pas plus de trois semaines, chez la duchesse de Moncœur.

— Vous allez chez les Moncœur?

— Chez Marie-Françoise? C'est ma marraine. Exquise maison, ma foi. C'est là que j'ai connu, pour mon malheur, et pour le sien peut-être — jurez-mo d'être discrète, madame! — la belle margravine de Hesse-Mumm. Et aussi cette petite toquée de baronne Caillou... Chez cette dernière, on joue pas mal, comme vous savez : j'y ai pris plus d'une culotte, mais du moins ai-je eu la consolation de devoir à ces parties terribles l'amitié charmante de Son Altesse le prince de Roussillon, et l'affection si précieuse que veut bien me témoigner Ivan.

— Ivan ?

— Oui, le grand-duc de Trijinsky.

— Vous êtes ainsi lié avec Son Altesse et le grand-duc ?...

— Ce sont eux qui m'ont servi de parrains au Jockey. Nous avons fait bien souvent croisière ensemble, tous les trois, et, au printemps prochain, nous devons aller de concert tuer des tigres chez le maharadjah de Karapatha.

(Voilà ! Il suffit. Donnez sans plus attendre l'adresse de votre garçonnière : l'affaire est dans le sac, si l'on peut s'exprimer ainsi.)

✦

POUR PARLER POLITIQUE

— C'est dégoûtant !

— Oui, nous voilà dans un joli gâchis.

— Il faudrait un gouvernement à poigne, et nous n'avons que des galettes (1).

---

(1) Le terme *galette* évoque toutes les idées de platitude, de mépris, sauf toutefois quand il s'applique à l'argent : sa signification, en ce cas, se trouve bien modifiée.

— Heureusement que l'esprit public se réveille. Mon petit garçon, qui a sept ans, a jeté l'autre jour son assiettée de soupe à la tête de sa fraulein, en s'écriant : « Vive Poincaré ! » Et quand ma fillette, qui en a quatre, veut faire la mauvaise tête, sa maman la menace aussitôt d'aller chercher le père Combes : comme par enchantement, la gamine redevient alors sage comme une image.

— Tout cela est bien consolant. Vous verrez que nous (1) leur flanquerons une tripotée, finalement, à ces têtes carrées de Boches... Êtes-vous comme moi? Je ne rate pas une retraite militaire. Ça m'électrise.

— Moi, ça me rend comme fou. Et avez-vous vu *Cœur d'Alsacienne*, au Théâtre de Monsieur? J'y suis allé quatre fois.

— Quatre seulement? Moi, dix... Et le *Vieux Major*, aux Bouffes-Tragiques, avez-vous aimé le *Vieux Major*?

— Je crois bien : j'y ai une loge louée pour toutes les représentations, jusqu'à la centième. Nous allons là chaque soir, avec des amis, faire notre bridge.

— Et ces misérables, avec leurs 900.000 hommes, maintenant !... Ce n'est pas une loi de trois ans, mais de quinze ans, qu'il nous faudrait.

(1) Il est habituel qu'un étranger domicilié en France dise *nous*, et donne son avis sur nos affaires nationales, comme si elles l'intéressaient directement, même, et voire surtout si cet étranger est Allemand.

— Nous l'aurons ! Et toutes les femmes dans les services auxiliaires ! Toutes nos garnisons de l'Ouest remplacées par des troupes noires ! Chaque citoyen soldat, de seize à quarante-deux ans... Quel âge avez-vous ?

— Quarante-quatre ans ? Et vous ?

— Quarante-trois... Voilà ! Et nous posséderons l'armée la plus formidable d'Europe !

— A la bonne heure !... Mais dites donc : cela va coûter cher toutes ces réformes. Ils vont nous inventer de nouveaux impôts, pour couvrir leurs frais.

— De nouveaux impôts !... Ah ! elle serait bonne, celle-là, par exemple ! Est-ce qu'il n'y en a pas déjà bien assez, des impôts ? Quelle gabegie !

— On parle même d'une sorte de taxe sur les revenus...

— Oui ?... Eh bien, écoutez-moi, mon cher : s'ils ont jamais l'audace d'augmenter d'un sou nos contributions, je fais filer tous mes capitaux à l'étranger, et j'émigre avec armes et bagages... Il ne faut pas tout de même qu'ils se fichent trop de nous... D'ailleurs, si vous voulez que je vous confie un petit secret, je vous dirai, mon bon, que j'ai déjà la moitié de ma fortune engagée à Berlin, dans une entreprise industrielle de Hambourg : c'est une affaire magnifique...

(Ce petit dialogue, court et facile, pourra être agréablement récité au fumoir, après dîner, ou au

cercle, en attendant la partie. Il est d'un usage usuel et durable.)

✦

POUR PARLER DU TANGO
AVEC UNE JEUNE FEMME DÉLICIEUSE

— Vous dansez le tango, madame (1)?

— Bien entendu.

— Vous avez sans doute pris des leçons avec Valbert?

— Avec Valbert? Ah! non, par exemple. Un faiseur, votre Valbert. Figurez-vous que j'étais de la série aubergine... Vous savez, n'est-ce pas, qu'il y a la série bleue, pour les princesses républicaines, la série rose pour les jeunes mariées en instance d'annulation auprès du Saint-Père, la série blanche pour les dames au-dessus de quatre-vingt-cinq millions, la série mauve pour les personnes du demi-comme-il-faut, la série d'or pour la société de l'Étrier,

(1) Question facultative. Si la femme à qui l'on s'adresse est vraiment très élégante, mieux vaut passer de suite à la seconde phrase : car paraître douter un seul instant qu'une personne à la mode pût ignorer le tango, deviendrait en ce cas positivement une offense.

la série jonquille pour le salon de Mme Madeleine Lemaire... Moi, je faisais partie de la série aubergine.

— Celle des jolies femmes, apparemment (1).

— Non, celle des Dames patronnesses du XVIe arrondissement.

— Quelle œuvre patronnez-vous donc, madame, exactement?

— Mon Dieu, nous nous occupons de tout, vous savez : littérature, brocante, musique, rédemption d'Anatole France, connaissance de l'Est, secours mutuel pour la réforme militaire des jeunes gens très artistes, etc... Or, il était convenu que Valbert viendrait enseigner la moitié d'un *corte*, lors de chaque leçon, aux personnes de la série aubergine, et que tous les quinze jours, il danserait avec l'une d'entre nous désignée par le sort. Ce n'était vraiment pas trop lui demander, n'est-ce pas, monsieur?... Eh bien, croiriez-vous que ce Valbert n'est pas venu une seule fois pendant tout le Carême...

— Il faisait pénitence.

— Ah ! là, là, pénitence !... Vous voulez dire qu'il passait tout le temps des leçons qu'il eût dû nous donner à se faire apprendre la polka par une midinette, dans un bastringue de Montmartre : un de nos amis l'y a surpris. Vous appelez ça consciencieux?...

(1) Ceci est ce que l'on appelle une fadeur. Éviter de la prononcer en souriant avec fatuité. Une fadeur doit être murmurée, plutôt que dite, et du ton le plus discret, comme si d'avance l'on s'en excusait.

Aussi je l'ai plaqué, et vivement ! Pour le tango qu'il nous sortait, d'ailleurs ! Je me suis fait montrer le vrai, le seul, par un Argentin qui a des sourcils bleus, des joues vertes, et qui danse avec des éperons larges comme des soucoupes. Voilà un homme qui tangue, à la bonne heure !

— Un vrai danseur, celui-là.

— Oh ! oui, monsieur... Il a des muscles ! des biceps ! des triceps ! des pectoraux !...

— Son rythme doit être impeccable.

— Et ses cuisses, donc ! Du bronze, du marbre. Avec cela, des doigts d'acier, un ventre...

— Il y a des gens, madame, pour prétendre que le tango est une danse inconvenante. C'est inouï.

— Il y a toujours des gens, en effet, pour voir le diable partout : c'est qu'ils l'y mettent... Mais moi, qui suis plus simple, je n'ai jamais cru qu'un monsieur me violait parce que je dansais un pas difficile avec lui, et pareillement je n'ai jamais cru que je dansais un pas difficile chaque fois qu'un monsieur me violait.

— Madame, voulez-vous faire un tour de valse?

(Mais à la seule pensée de se mettre entre vos bras pour danser un pas aussi élémentaire, durant lequel l'esprit désœuvré a tout le temps de concevoir de mauvaises pensées, la dame rougit pudiquement et se retire.)

POUR PARLER TANGO AVEC UNE VIEILLE DOUAIRIÈRE

— Vous n'aimez pas le tango, chère madame?

— C'est une dégoûtation et une obscénité. De mon temps, les jeunes filles allaient au bal pour s'amuser gaiement en toute innocence. Aujourd'hui, elles y vont pour se prostituer en dansant.

— Il faut qu'elles soient bien malignes.

— Oui, vous pouvez rire... Je n'en dis pas moins ici la vérité. Que voulez-vous, je suis trop vieux jeu pour admettre certaines choses, par exemple cette gesticulation hideuse...

— Pourtant, le galop d'autrefois, avec des crinolines?...

— Cette pantomime ridicule...

— Moins que le quadrille des lanciers.

— Cette danse d'une complication stupide, et qui demande toute une étude...

— Comme l'ancien menuet.

— En outre, c'est une invention libidineuse et révoltante, une espèce de cancan qu'on danse en Argentine, dans les mauvais lieux, dans les bouges... Enfin, ce n'est pas une danse française...

— Mais la « walse » non plus, ni la « scottisch », ni la « mazurka », etc.

— Et moi, monsieur, j'ai l'horreur de tout ce qui n'est pas français (1) !

. . . .

— Je crois que ce monsieur, là-bas, meurt d'envie de danser avec mademoiselle votre fille.

— Qui est-ce?

— C'est l'unique héritier de Lucas-Ledoux, le richissime banquier. Le jeune Lucas-Ledoux aura onze millions de dot.

— Ah !... Cher monsieur, vous devriez le présenter à ma fille Lucienne : c'est une si bonne danseuse, cette petite.

— Hélas ! le jeune Lucas-Ledoux ne danse que le tango.

— Mais Lucienne tangue en perfection, savez-vous bien ! Voilà trois mois que la chère enfant se rend quatre fois par semaine chez Valbert. Elle fait partie de la série puce, réservée aux jeunes filles à marier; c'est, paraît-il, une série qui fatigue au plus haut point le professeur.

— Je vais chercher le jeune Lucas-Ledoux, madame.

— Qu'est-ce que vous faites, après-demain jeudi?

____

(1) Cette phrase est toujours formulée avec une sécheresse terrible, et un léger froid la suit invariablement. Ne pas se frapper cependant, et poursuivre. Ce n'est rien.

Venez donc prendre le thé à la maison, vous amènerez
M. Lucas-Ledoux; nous avons un petit tango sans
prétention...

◆

POUR PARLER PEINTURE, MUSIQUE, ET EN GÉNÉRAL MONTRER QUE L'ON A UNE ÂME DISTINGUÉE

— Vous avez été au Salon cette année?

— Oui, c'est dégoûtant, il n'y a rien qui vaille.

— Vous avez été à l'Opéra dernièrement?

— Oui, c'est pitoyable : de vrais chanteurs des
rues, et un orchestre !

— Vous aimez les bibelots de Martine, les meubles
d'Iribe?

— C'est tellement affreux, cet art brutal !... D'ailleurs, vous savez, pour moi, tout ce qui est moderne...
peuh ! S'il faut tout vous dire, je n'aime que l'ancien.

— Tiens ! c'est comme moi, monsieur... Les consoles
Louis XVI !

— Les guéridons Empire !

— Les coffrets Louis-Philippe !

— C'est ma passion. Comme vous seriez charmante, madame, entre deux flambeaux Charles X !

— Oh ! vous me flattez.

— Mais non. Moi, voyez-vous, je ne conçois une femme qu'entourée du cadre le plus raffiné. J'ai besoin qu'elle s'alanguisse dans un fauteuil Voltaire de la bonne époque ; que son regard se trouble devant une copie d'un Fragonard par un inconnu du xviiie ; que ses vêtements tombent sur un tapis de Perse remontant au début du dernier siècle pour le moins ; qu'elle défaille sur un lit ayant appartenu à la femme du maître de poste qui fournit à l'Empereur les chevaux du dernier relais, quand celui-ci gagna l'île d'Elbe ; et qu'elle remette son chapeau devant une psyché dans laquelle un jour se sera mirée Juliette...

— Juliette ?

— Oui, Juliette Récamier.

— Ah ! vous êtes un artiste, vous !

(Tout va bien. La conversation désormais sera courte: Vous n'aurez bientôt plus qu'à indiquer à la dame l'adresse de votre appartement, où se trouvent, ainsi que vous ne devez pas manquer de le lui dire, la coiffeuse de Juliette, le lit du maître de poste, le tapis de Perse 1800, etc.

FICHES

La société parisienne se divise en deux parties : 1° les gens du monde ; 2° les autres. On voit les gens du monde, on se flatte de les saluer, et leur fréquentation honore. Quant aux autres, au contraire, l'on n'avoue point qu'on les connaît, et ce sont des relations qui compromettraient plutôt une personne de bon ton.

Il est très difficile de définir exactement ce que c'est que les « gens du monde ». D'une façon générale, ce sont les gens riches, et dont le nom est orné d'un titre ou au moins d'une particule. A partir d'un certain chiffre de millions, le titre ou la particule ne sont plus exigibles : mais il y a quelque puéril orgueil à s'en passer, et un étranger agira sagement en se défiant des personnes outrecuidantes qui cherchent à se singulariser ainsi. Un homme ou une femme titrés, mais pauvres, ne sont pas du monde. En revanche, les romanciers prétendent que les millionnaires parvenus, mal élevés, et sans origines connues, ne sont pas non plus du monde : c'est là un mensonge et une indigne calomnie.

Un étranger doit tout faire pour se rapprocher des

gens du monde, qui forment l'élite de la société parisienne. Il est assez aisé, même pour quelqu'un qui est peu familiarisé avec la langue française, de s'entretenir avec ces personnes choisies : à part le golf, le bridge et le tango, qui exigent un vocabulaire spécial, mais restreint, le fond de leur conversation consiste uniquement à expliquer des cousinages, ainsi qu'à réprouver les mœurs que nous ont faites la démocratie. Au moyen d'une dizaine de phrases, on arrive donc vite à passer pour un causeur très agréable, et même brillant.

—o—

L'Académie française (l'Académie seule, et non tout l'Institut) est une colonie du monde. Certains hommes du monde, ainsi M. Bazin de la Province, M. de Mun des Cuirassiers ou M. d'Haussonville des d'Haussonville, ont entrepris à l'Académie de très brillantes expéditions coloniales, qui furent couronnées du plus joli succès. Il faut apprendre par cœur les noms des quarante membres de l'Académie : on les cite ensuite négligemment, et presque affectueusement, sans leur donner du « monsieur ». Très parisien.

—o—

Une remarque, en passant : quand un homme, ou une femme ont l'accent anglais, chacun les tient tou-

jours pour gens du monde. Par conséquent, traitez-
les comme tels avant tout autre examen. Vous ne
pouvez pas vous tromper. L'accent allemand lui-
même se transforme facilement en accent anglais : il
devient alors ce qu'on appelle « un accent américain »,
et va non sans grâce dans les salons.

—o—

A côté des gens du monde, il y a les autres : ouvriers,
députés, littérateurs, artistes, modestes industriels,
terrassiers, humbles fonctionnaires, petits loyers, pas
d'auto, etc... Du fumier.

—o—

Enfin, sur la limite du monde et du fumier, nous
signalons une horde errante, brillante, de races et de
religions diverses, dont la profession ne saurait être
clairement établie, des espèces de bohémiens enfin :
c'est ce qu'on appelle le « boulevard », le « Tout-Paris ».
On caricature souvent ces personnages, on les cite
dans les revues et dans les journaux. Il convient qu'un
étranger apprenne à les reconnaître à première vue,
ainsi qu'à la moindre allusion : sinon toute conversation deviendrait impossible.

Une seconde remarque : se garder de classer dans le
« Tout-Paris » certaines personnalités démodées,
comme M. Duval (des Bouillons) par exemple, qui

date au moins du Seize-Mai, et qui vient d'être si parfaitement remplacé par M. André Becq (de Fouquières), ou comme Mme Madeleine Lemaire (peintre de roses), que nous verrons incessamment supplantée par M. Maurice Rostand (rose peinte), je dis supplantée dans le monde des esthètes. Car il y a un monde des esthètes : il est ancien et fatigué. Les sports lui ont fait bien du tort. Ce monde expirant brilla d'un vif éclat avant l'exposition de 1889, mais l'on n'en conserve plus aujourd'hui certains rares survivants que dans une ou deux serres chaudes, notamment celle de Mme Lemaire, justement. Là, des dames âgées et des messieurs oisifs depuis bien longtemps soupirent en écoutant de la musique ou des vers d'une faible syntaxe. M. Robert de Montesquiou, jadis si célèbre, vécut et aima parmi ces pâmoisons.

—o—

Laissez ce Vieux-Paris pour revenir au Tout-Paris. Entre les cent personnages curieux que les dessinateurs et les gazetiers aiment à y signaler, nous noterons tout à fait au hasard :

M. André de Fouquières, déjà nommé. Un homme charmant. Une puissance dans les journaux : on l'y consulte sur les questions de protocole qui troublent à chaque instant les rédacteurs mondains. A conduit force cotillons au début de sa carrière : ce sont

maintenant les cotillons reconnaissants qui le con-
duisent à la gloire. Simple et cordial, ne veut user de
son prestige personnel que pour mettre patriotiquement celui-ci au service de son pays, lors de prochaines ambassades officieuses aux Indes, à New-
York ou à Monaco.

M. MAURICE ROSTAND. — Description difficile; il
faut l'avoir vu. Minaude et se dandine. Tout cela serait
gentil chez un page, futur capitaine. Or M. Maurice
Rostand n'a rien d'un page, et ne sera point capitaine.
Néanmoins, tel qu'il est, il aurait plu : seulement,
avec des épaules de carabinier, ne s'est-il pas fait
réformer, n'a-t-il pas eu peur de porter, comme tout
le monde, son sac et son fusil?

MM. HELLEU et BOLDINI. — Figurez-vous don
Quichotte et Sancho Pança. Seulement, Quichotte-
Helleu n'a plus l'humeur fort aventureuse : car il ne
parcourt le monde qu'entre l'Arc-de Triomphe et le
Tir aux pigeons, ou entre Trouville et Deauville au
mois d'août. Et il faut le regarder de près pour le voir
rire quand il erre ainsi, chaque matin, escorté de
Sancho-Boldini. Ce dernier ressemble à quelque diable
chinois armé d'un terrible instrument de massacre,
à savoir son pinceau.

Mlle SPINELLY. — Très utile pour la conversation.
Vous dites : « Elle a la voix bien aigre... » Aussitôt un
fin connaisseur corrige : « Non, pointue, seulement

pointue. » Et l'on discute : en voilà pour une demi-heure. C'est toujours ça.

Mlle POLAIRE. — Non moins utile. « Aimez-vous les tailles minces? — Erreur du goût. Voyez la statuaire antique... — Délicieux, au contraire ! Songez aux bas-reliefs égyptiens et hindous... » Une autre demi-heure.

M. MAURICE BERTRAND. — Un truand. Corpulence, et nez retroussé. On le dit très spirituel. Il est d'ailleurs l'homme de toutes les traditions : c'est ainsi qu'il ne saurait terminer un souper sans citer du latin, ni se trouver debout sur la table, ou endormi dessous.

MM. EDMOND BLANC, AUMONT, DE GANAY, etc... les propriétaires des plus illustres écuries de courses enfin. Il faut apprendre à reconnaître leur silhouette, au premier coup d'œil. On doit parler d'eux avec une affectueuse négligence, ainsi qu'on fait pour ces messieurs de l'Académie française. Dites à tout hasard avant les grandes épreuves : « J'ai déjeuné avec Blanc, ou Aumont, ou Ganay, cette semaine... » On vous demandera aussitôt des tuyaux, non sans quelque respectueuse curiosité. Vous donnerez hardiment tout nom de cheval qui vous passera par la tête : que risquez-vous?

LES DAMES DE LA TRIBUNE DES PROPRIÉTAIRES. — Ce sont les plus mal f... du pesage. Tâchez néanmoins de savoir leurs petits noms, et appelez-les ainsi familièrement — comme par mégarde — quand vous les citerez dans la conversation.

M. Constant Say. — Don Juan, mon cher.

Baron de Grandmaison. — Il ne vous fait pas peur, ce grand gaillard-là?... Bon, si vous étiez de ses ennemis, nous verrions ça. Et si vous étiez de ses amis, donc !

Marcel Fouquier. — D'immenses relations. Il faut bien vivre.

Les hommes politiques.

Il y a 15 ou 20 ans, une personne élégante ignorait totalement les hommes politiques. Le Parlement n'était qu'un rebut de la société, et les parlementaires, paraît-il, empestaient : les députés de gauche sentaient le vin bleu, bu sur le zinc avec leurs électeurs ; en outre, ils empoisonnaient l'ail et l'oignon. Ceux de droite, au contraire, fleuraient exquisement bon, parfumés qu'ils étaient aux essences les plus délicates : mais ils se trouvaient en minorité. En outre, ceux de gauche avaient les ongles noirs et des pantalons pochés aux genoux, alors que ceux de droite, si sympathiques et si intelligents, portaient des guêtres claires et des jaquettes surprenantes ; du moins, on le disait, on le croyait : et les dames de s'attendrir.

Mais il n'en est plus ainsi depuis quelque temps. M. *Deschanel*, le premier, a montré que l'on pouvait à la fois faire figure d'excellent républicain, et se présenter dans le monde avec une tenue décente : c'est un service éclatant qu'il a ainsi rendu au régime, et vous avez vu que l'on a failli, pour l'en remercier, le nommer chef de l'État. Il faut savoir reconnaître sans faute, sur les images, cette physionomie nationale.

Après M. Deschanel, toute une pléiade de seigneurs parlementaires est descendue sur le boulevard, a envahi les salons, les pelouses de Longchamp et d'Auteuil, les répétitions générales : tout à l'heure, ils danseront le tango. Tenez-les pour des dandys et des lettrés. C'en est fait des vieux grognards à la Pelletan, et de la bande au père Combes. Vous aurez donc bonne grâce à nommer au passage MM. *Barthou*, *L.-L. Klotz*, *Paul Boncour*, etc. Saluez chacun d'eux à tout hasard, avec une déférence affectueuse, comme vous devez faire pour honorer le propriétaire d'une grande écurie de courses. Et puis, dites négligemment : « J'ai déjeuné hier avec *Léon Bourgeois...*» D'une façon générale, ayez toujours déjeuné la veille avec quelqu'un de très bien.

Cependant, n'allez pas jusqu'à dire : « Je partirai pour une jolie croisière, cet été, sur le bateau d'*Aristide*. » N'exagérez rien.

PERSONNALITÉS SPORTIVES.

Vous ne manquerez pas de vous proclamer l'ami

de *Tristan Bernard* : cela se fait beaucoup. Vous aurez assisté à un match de boxe à ses côtés, et vous pourrez toujours placer avec succès les anecdotes ou mots d'esprit que vous voudrez, en déclarant qu'ils sont de lui : cela se fait aussi couramment.

Vous connaîtrez aussi le souriant *Georges Breitt-mayer* ; c'est un homme très occupé, un homme d'affaires, il en traite jusqu'à douze ou quinze par semaine, j'entends des affaires d'honneur, bien entendu. Chaque année, à la fin de décembre, il publie, en un livre charmant, la collection complète des procès-verbaux qu'il a signés depuis le 1er janvier d'antan, et il envoie le volume à ses amis — au nombre desquels vous ferez bien de vous compter. Les procès-verbaux de ses propres duels, toutefois, ne figurent pas dans l'ouvrage, car ceux-ci forment une plaquette spéciale, qu'il offre aux dames. Murmurez avec nonchalance, lorsque vous vous mettrez à table : « Ah ! bonne matinée : nous avons mené battre un ami tout à l'heure, Breitt et moi... » On répliquera : « Ce bon Breitt ! Il va bien?... » Et l'on ne vous demandera même pas le nom de l'ami. S'il y a des femmes, vous pourrez laisser entendre discrètement que cet ami n'était autre que vous-même.

❖

QUELQUES MODÈLES DE LETTRES

DÉCLARATION.

Madame (1),

Depuis trois jours (2), je ne dors plus. Jamais, au grand jamais, il ne m'est arrivé de me trouver en un pareil état. Malheureusement, mon cœur est déjà vieux, il a beaucoup servi. Plus d'une fois l'amour lui a fait battre la chamade (3), à ce pauvre cœur que je croyais si las. Hélas ! il me faut bien en convenir, j'ai aimé un peu partout, dans maints pays d'Europe et d'Amérique, ainsi que dans les diverses classes de la société, et jusque sur les marches d'un trône, je le confesse. Mais, même quand je me glissais, en rampant sous les fougères géantes des Indes, vers la tente où m'attendait une bayadère sacrée, de laquelle nul n'approche sans risque de mort ; et même lorsque, tout

(1) Ou « Monsieur ». Cette déclaration peut en effet convenir aussi bien à un monsieur pour une dame, qu'à une dame pour un monsieur : il n'y a qu'à faire les quelques modifications indispensables.

(2) Ou un jour, ou cinq, ou quinze, selon les cas. Mais trois jours est un stage plus que suffisant avant d'envoyer une déclaration en règle.

(3) On dit toujours qu'un cœur « bat la chamade ». Certaines femmes ne comprennent que si on leur parle de cette chamade : tel est le langage de l'amour.

tremblant, je traversais, la nuit, à pas de loup, la grande galerie et les petits appartements secrets du palais de T... (1), je n'étais point si ému qu'en traçant ces quelques lignes. Car je vous aime à la folie... Ah ! voyez, l'aveu m'a échappé... Ma main frémit, je ne puis plus écrire, et je ferme vite ma lettre pour la jeter à la poste sans la relire : advienne que pourra (2) !

Demande de rendez-vous.

Madame (3),

Cette lettre vous dit adieu. Ce que je deviendrai, qu'importe ! Ne cherchez pas à le savoir... Hélas ! peut-être vaut-il mieux que vous ne le sachiez jamais !

Non, vous ne me verrez plus : car je suis à bout de forces et de souffrance. Vous vous jouez de moi, je ne le comprends que trop... Adieu !

Demain, par un dernier scrupule, je vous attendrai chez moi, de cinq à six... Oh ! vous pouvez venir, madame, en toute tranquillité d'âme : je suis bien trop triste et trop défait, pour songer à autre chose qu'à me prosterner à vos pieds, et à y pleurer sans

(1) Au choix : Citer de préférence le palais d'une petite cour allemande : c'est plus vraisemblable, et l'on n'ira pas voir.

(2) Une femme résistera très difficilement à cette missive, digne d'un roué, et dont l'habileté est véritablement diabolique.

(3) Ou « Monsieur ». Même observation que ci-dessus. Toutefois, si c'est une dame qui adresse ce billet à un monsieur, cette personne fera bien d'ajouter certaines indications discrètes touchant le chiffre des revenus dont elle dispose.

fin. Vous n'entendrez que mes sanglots : et aussi bien, ma parole de galant homme répond de ma réserve et de tout mon respect (1).

Après le rendez-vous.

Madame (2),

Je me trouve un peu gêné en ce moment. Il m'est très difficile de vous avancer la somme dont vous m'avez parlé la dernière fois que j'ai eu le plaisir de vous voir. D'ailleurs une dépêche pressante me rappelle d'urgence dans mon pays : il me sera même bien difficile, je le crains, de me trouver chez moi pour la date dont nous avions convenu. Croyez à tout mon souvenir.

Après avoir été blackboulé dans un cercle.

Cher ami,

Vous avez bien voulu me servir de parrain au cercle de X... Ces messieurs ne m'ont pas accueilli. Ils ont bien fait de me rappeler ainsi au sentiment des convenances. N'allais-je pas, moi qui fais partie du comité de trois cercles étrangers, dont le roi d'Angleterre, l'empereur d'Autriche et le tsar de Russie sont membres actifs et assidus, n'allais-je pas m'encanailler en

(1) Cet engagement ne devra jamais être tenu.
(2) Ou « Monsieur ».

m'acoquinant, par pure amitié pour vous, dans ce bas tripot de X...? L'on m'a rendu grand service en me prévenant indirectement par ce refus si opportun, et je vous prie de témoigner à ces braves gens toute ma gratitude (1).

SI L'ON VIENT, PAR ACCIDENT, D'ÊTRE SURPRIS EN TRAIN DE TRICHER AU JEU.

Monsieur le président (2),

Je devrais vous envoyer des témoins pour me laver d'une si indigne calomnie. Mais j'étouffe de mépris, monsieur, et — rassurez-vous — cette affaire n'ira pas plus loin.

P. S. — Pour parer à toute complication qui pourrait devenir diplomatique, vous agirez peut-être sagement en évitant, par tous les moyens, que cet incident ridicule ne parvienne aux oreilles du consul ou de l'ambassadeur de mon pays. Je vous dis cela dans votre intérêt.

(1) Ironique : très parisien.
(2) Adressé au président du cercle d'où l'on s'est vu ignominieusement chassé.

POUR BIEN STYLER SON VALET DE CHAMBRE
(avant le départ pour la plage élégante ou la luxueuse ville d'eaux).

— Écoutez un peu, Baptiste. J'ai à vous parler.

— Oui, monsieur.

— Nous allons partir pour la mer (1).

— Bien, monsieur.

— J'ai retenu une chambre à l'hôtel, une chambre avec salle de bains. C'est confortable, bien que relativement modeste. A vrai dire, la chambre donne sur un couloir, qui lui-même prend jour sur une cour intérieure. Quant à la salle de bains, la baignoire n'y est figurée que par un petit meuble à quatre pieds, réellement fort commode, mais où l'eau n'arrive pas tous les jours, à cause de la fâcheuse construction de l'immeuble... Cependant, vous aurez bien soin de ne jamais dire à l'office, non plus qu'en tout autre endroit : « La chambre de monsieur. » Vous remplacerez ces mots par : « Les appartements de monsieur. » C'est plus correct, et cela sonne mieux. Compris, Baptiste?

— Compris, monsieur.

— En outre, là-bas, ne m'appelez donc pas ainsi :

(1) Ou les eaux.

« Monsieur », tout sec. Vous me nommerez : « Monsieur le comte. » Ce n'est pas beaucoup plus long à dire, n'est-ce pas?

— Pas plus long du tout, monsieur le comte.

— Vous aurez soin de parler également de mon appartement à Paris; seulement, vous prononcerez : « L'hôtel de monsieur le comte. » Vous dépeindrez aussi mes domaines considérables et mes vastes plantations en Argentine (1).

— Mais, monsieur le comte, je ne les ai jamais vus.

— N'importe, vous affirmerez que c'est immense, que je ne parcours mes terres qu'à cheval, et que mes fermes me rapportent trop d'argent, si bien que je ne sais qu'en faire... Je vois fort bien, d'après la figure stupide dont vous m'offrez le spectacle, que vous songez aux trois mois de gages que je vous dois. Mais, Baptiste, ai-je donc nié cette dette? Et doutez-vous, par hasard, que je n'y fasse honneur? Je vous paierai incessamment.

— Monsieur le comte me comble.

— Ah ! vous ne manquerez pas de raconter que je viens de faire le tour du monde... Et puis, cette dame... oui, vous savez bien, cette dame...

(1) Ou en Crimée, en Norvège, en Albanie, etc., selon les cas. Un Anglais est dispensé de parler de ses terres : il est d'avance entendu que ces dernières sont sans fin, composées de prairies à barrières blanches, si ce n'est de bruyères sauvages, où pullulent les *grouses*, et généralement situées en Écosse... Grands dieux !... En Écosse !...

— Non, je ne sais pas, monsieur le comte.

— Enfin, faites comme si vous saviez. Il doit toujours y avoir une certaine dame, dont vous ne parlerez pas positivement, mais dont vous parlerez tout de même, sans trop en parler... Eh bien, vous laisserez entendre que je ne suis qu'à demi rassuré, et vous de même, vu qu'elle pourrait bien, un beau jour, débarquer subitement ici, et jeter du vitriol à tout le monde...

— Monsieur le comte est-il bien sûr, au moins?...

— Allez, Baptiste, ne craignez donc rien... Est-ce que je tremble, moi? Regardez-moi sourire... A propos de trembler, il pourra bien arriver une ou deux fois, peut-être même davantage, que vous me voyiez rentrer d'un pas un peu incertain, vacillant au besoin, et tremblotant, tout justement. J'aurai sans doute alors les vêtements assez en désordre, le teint aviné, le nez rose très probablement, et je chanterai des refrains aimables, Baptiste.

— Bref, monsieur le comte sera pochard.

— Nullement, nullement... Néanmoins, le casino ferme si tard, on soupe, la nuit est belle, étoilée, et puis il y a les bars, les discussions philosophiques devant les *cups* et les cocktails... Si vous me recueillez jamais en cet état de grande émotion, Baptiste, il faudra me déshabiller sans violence, et me coucher doucement, après m'avoir administré de l'ammoniaque : c'est un remède contre les nerfs.

— Vous me l'avez déjà dit souvent, monsieur le comte.

— Encore un mot. Il se pourrait que subitement, après une belle partie de cartes au casino, je vinsse tout à coup vous éveiller en vous disant : « Ouste ! Baptiste... Faites les malles dare-dare : nous partons par le premier train. » C'est que je serai alors forcé de partir, en effet, sur-le-champ : vous devrez diablement vous dépêcher !

— J'y suis : monsieur le comte aura triché.

— Dites donc, songez-vous à qui vous parlez?... Il n'est pas question de ce que vous croyez, insolent !... Toutefois, il arrive qu'on gagne beaucoup tout à coup, et dans ce cas, la calomnie va si vite !... En somme, j'aurai besoin de tout votre zèle.

— Monsieur le comte peut y compter. Mais, en retour, puis-je demander une faveur?

— Voyons.

— Je ne voudrais plus m'appeler Baptiste, mais Willy. C'est plus chouette. Et puis, je prendrai l'accent anglais.

— J'allais vous en prier, mon cher Willy (1).

____

(1) Si c'est une dame qui parle à sa bonne, elle lui dira la même chose, à peu de mots près, sauf pour l'ammoniaque et la tricherie. Mais elle nommera « fräulein » ladite boniche, et lui recommandera de proclamer partout que les enfants de Mme la comtesse ont à Paris un abbé pour précepteur, et au moins cinq ou six professeurs. Il faut ce qu'il faut.

POUR CAUSER SUR LA PLAGE

1º Avec un snob.

— Good morning, dear.

— Tiens, vous êtes ici (1)?

— Mais oui, comme vous voyez. C'est un pays assez agréable.

— Peuh ! On y passe à peu près le temps... à condition, pourtant, naturellement, de ne jamais mettre le pied sur la plage.

— Cela va de soi. Ni au casino, forcément.

— Et de ne pas se promener dans la campagne. J'ai horreur des bouses de vaches : il n'y a que ça dans les champs. Et j'abomine, sur les routes, la poussière que font les autos des autres... Ah ! ce n'est pas comme en Angleterre !...

— Hélas ! non... Et que faites-vous dans ce patelin? Golf, bridge et tango?

— Golf, bridge et tango. Et puis, on se reçoit beaucoup. Il y a lady Moncher, qui donne des six à sept, les Larochebouillou, qui offrent des sept à huit... Connaissez-vous les Larochebouillou?

(1) Interrogation absolument idiote, mais d'un usage si général, qu'il serait presque impoli de ne pas la faire.

— Pas du tout. Vous me présenterez...

— Au revoir, au revoir : je suis un peu pressé...

2º AVEC Mme HUGUE HALLETT.

— Bonjour, madame.

— Bonjour, monsieur.

— Je connais beaucoup les Larochebouillou.

— Ah ! mon cher enfant !...

— Oui, leur fils a épousé, après annulation à Rome de son premier mariage, la troisième fille du cousin d'un vidame poitevin, dont je rencontrais, une ou deux fois l'an, le beau-père, Moncrétu de la Parantonnaise...

— Mon bien cher enfant !... Venez donc chez moi demain soir : j'aurai les d'Anjou, les du Berry, les Navarre et les Aragon, l'infant de Sicile, M. de Malbrouck, le roi de Pique et la princesse Noémami...

3º AVEC UNE DAME QUE L'ON VEUT SÉDUIRE.

(Ce dernier dialogue aura lieu à l'heure du crépuscule, devant le soleil couchant. Répéter, en les combinant adroitement, les phrases des deux petites conversations ci-dessus. Ajoutez quelques mots pour comparer poétiquement l'agonie du soleil à un incendie ou à un manteau de cardinal : et ne plus se gêner. Se rappeler que le crépuscule est une tentation du diable.)

POUR ÊTRE RENCONTRÉ À PARIS,
EN PLEIN MOIS D'AOUT, PAR UN AMI

(Conversation-express : doit être débitée à la hâte, et presque en haletant, entre deux poignées de mains affolées.)

— Bonjour...

— Salut, mon cher, salut... Excusez-moi, me voici tellement bousculé ! Je n'avais qu'une heure à peine à passer dans votre Paris. J'arrive de Dieppe à l'instant, où j'étais allé en quittant Deauville. Je pars tout à l'heure pour Dinard, me rendrai ensuite à Biarritz, puis en Angleterre... Au revoir, pardon, je me sauve, je reprends le train dans vingt-cinq minutes !...

(Sur quoi, après avoir salué de la main, tout éperdu, vous rentrez tranquillement chez vous.)

POUR CHOISIR DES TOILETTES D'AUTOMNE

— Je voudrais voir la collection d'automne.

— Mais certainement, madame... Dites à ces demoiselles de présenter la collection pour madame.

(Entrée des mannequins qui, tout en hanchant au point de pouvoir à peine avancer, se présentent vêtues tour à tour de robes pour le footing, le golf, la pêche à la truite, la chasse en battue et devant soi, le coursing, les différentes heures du matin, de l'après-midi et du soir, manteaux divers, fourrures innombrables, etc., etc...)

— Avez-vous des robes qui soient spéciales pour le tango?

— Toutes, madame, ont été dessinées en vue de cet usage, puisqu'on tangue en marchant, en golfant, en pêchant, en chassant et à chaque minute du jour et de la nuit. Cependant, il en est trois, la *N'y pensons pas*, la *Bayo qui rêve* et la *Chez qui avez-vous appris*, que nous avons particulièrement combinées en songeant à la *media luna* et au *corte*.

— Il faudrait les voir en action.

— Rien de plus facile.

(Trois mannequins, portant les trois toilettes, s'avancent en dansant. Ces demoiselles sont suivies de trois cavaliers qui leur font d'abord exécuter un tango chaste, puis un tango inconvenant, puis un tango genre Dinard, Compiègne et faubourg Saint-Germain, pas presque immobile et composé d'un imperceptible frémissement des hanches et des pieds. La cliente, électrisée, se lève, se met à danser, et poursuit le dialogue avec la vendeuse, qui danse également.)

— Eh bien, je choisis telle robe... telle robe... telle, telle, telle, telle encore (1). Quand viendrai-je pour essayer?

(La vendeuse exécute un huit avec une rare perfection.)

— Voulez-vous venir mercredi prochain, madame? A quelle adresse devrons-nous téléphoner, si nous étions forcés de contremander l'essayage?

(La cliente répond par des ciseaux d'une grâce délicieuse.)

— J'habite au Royal et Impérial Palace. Je m'appelle la princesse de Tarentatar Mayor.

(La vendeuse se complaît en des pliés véritablement exquis.)

---

(1) Jamais moins de six : on aurait l'air d'une coureuse, si l'on en prenait une ou deux seulement. Quel genre !

— Je dois prévenir la princesse que l'usage immémorial de notre maison est de ne livrer les robes que si elles sont payées comptant. C'est une simple formalité, et je ne prends la liberté d'en aviser la princesse qu'afin d'éviter toute espèce de surprise ou de malentendu

(La cliente s'éloigne par une promenade admirablement rythmée et balancée.)

— Bien, bien, c'est entendu. Moi-même, d'ailleurs, je préfère de beaucoup payer comptant (1).

❖

QUAND ON EST REÇUE DANS UN BEAU CHÂTEAU

— Vous avez fait bon voyage?... L'auto ne vous a pas trop fatiguée... Vous avez dû avoir une boue folle : par ce temps épouvantable !... Nous sommes bien contents de vous tenir enfin pour quelques jours...

---

(1) A la suite de quoi elle ne fiche jamais plus les pieds — cela va de soi — dans une maison aussi scandaleusement méfiante, et soucieuse à ce point de n'avoir que des clientes qui paient leurs notes !

(Etc... Phrases d'accueil des châtelains, sans aucun intérêt. La dame doit répondre les choses les plus insignifiantes et les plus vagues, mais d'un air puérilement joyeux et même attendri. Enfin, après une longue station dans sa chambre, elle redescend, fraîche et vêtue à miracle, pour prendre le thé ; et aussitôt le châtelain, ou quelque invité de marque, perd la tête.)

— Il fait un peu gris depuis huit jours... La pluie d'avant-hier... Le beau temps de la semaine dernière... Vous jouez au golf, madame?... Le parcours de la Boulie... Celui de Chantilly, celui de Saint-Jean-de-Luz... Tango... Duque... Bayo... Vlad... Mes cousins Mirontaine... Épousé la petite-fille du neveu d'un beau-frère... etc...

(Encore des phrases sans valeur. Enfin :)

— Je vous aime à en mourir, madame !

— Quel enfant vous faites !... Voulez-vous bien tout de suite me parler de choses sérieuses, grand gamin que vous êtes !

— De la guerre des Balkans, par exemple? Mais elle est finie.

— Heureusement. Les affaires vont reprendre, il n'est que temps. Les commerçants devenaient impossibles. Figurez-vous que j'ai été récemment dans une maison de couture où l'on ne livre plus les robes, sauf à des clientes qui les paient comptant.

— .....

— Est-ce parce que je dois quelques sous çà et là
que l'on m'a fait personnellement cet affront?

*(C'est ici le moment critique. Si l'interlocuteur
répond faiblement, puis se remet, non sans quelque froideur, à parler golf et cousinages, pour
bientôt rompre l'entretien sous le premier prétexte,
inutile d'insister, c'est un gigolo compromettant, et
rien de plus. Mais si au contraire il s'anime et
devient plus familier, alors sa passion mérite positivement d'être prise en considération. Il y a même
lieu de lui accorder le rendez-vous qu'il demande
pour le soir.)*

◆

**QUAND ON A — TOUJOURS EN CE BEAU CHÂTEAU —
ACCORDÉ UN RENDEZ-VOUS,
PASSÉ MINUIT, À UN MONSIEUR DANS SA CHAMBRE**

— Chut!... Ch... Oui, entrez... Attendez que je
donne l'électricité... Comment, monsieur, vous êtes
venu en pyjama? Vous en avez, un aplomb!

— Mais, madame, c'était pour ne pas me faire

3.

remarquer, si par hasard on m'avait rencontré dans les couloirs à pareille heure. De quoi aurais-je eu l'air en smoking, quand tout le monde doit être soi-disant couché?... D'ailleurs n'êtes-vous pas vous-même en peignoir?

— Moi, je me trouve dans ma chambre, rien de plus naturel... Enfin !... Asseyez-vous donc, cher monsieur... Bien poseuse, cette petite X., avec qui nous avons dîné, n'est-ce pas? C'est la nièce de Dieudedieu de Clairfontaine... Son mari s'est trouvé le fils adoptif du vieux général de Latrompe, qui avait épousé en quatrièmes noces...

— ... petit-cousin des... annulé en cour de Rome...

(Etc... Au bout d'un instant, le monsieur en pyjama, qui a son idée, donne à la conversation un tour plus piquant en déclarant soudain :)

— Vous me disiez tantôt, chère madame, que ces canailles de couturiers vous tourmentaient pour des sommes insignifiantes... Si vous vouliez permettre à ma tendresse de vous avancer ces quelques malheureux deniers, j'ai pris la liberté d'apporter avec moi mon carnet de chèques... Ah ! ce serait là une preuve de confiance, et même d'estime, que vous auriez l'indulgence de m'accorder, et à laquelle je serais bien profondément sensible... J'y verrais du moins l'indication d'une sympathie...

— Cher !... Ce que vous me proposez là est d'une

audace inouïe... Mais, pour vous montrer quel cas je fais de votre délicatesse et de votre loyauté, eh ! bien... j'accepterai... là ! Êtes-vous content?...

— C'est-à-dire que je crois rêver... Tenez voici le carnet : inscrivez le chiffre vous-même...

(Une fois le gros chiffre inscrit, le chèque détaché du carnet et négligemment rangé dans un tiroir qui se ferme à clef, voici que le monsieur s'empare, comme par mégarde, de la main qui tenait encore le stylographe. Aussitôt un grand trouble saisit les deux personnages de ce petit dialogue, qui s'éteint peu à peu parmi des soupirs, et ne saurait désormais être noté ni prévu.)

POUR QUITTER UNE DAME
— DANS CE MÊME BEAU CHÂTEAU —
APRÈS UN RENDEZ-VOUS NOCTURNE

— Au revoir, mon loup.

— A tout à l'heure, mon trésor.

— Comment, à tout à l'heure?

— Mais, dame ! Oublies-tu qu'il est quatre heures

du matin? Nous allons aux perdreaux dès huit heures. On va battre la grande plaine du Valdoré.

— Ma foi, je me dispenserai de cette chasse.

— Bah !... Elle est bien bonne !... Tu te figures donc que tu vas me laisser là, comme ça? Et alors, qui me tiendrait compagnie? Allez, ouste ! il faut se lever. Est-ce que j'ai fait tant d'embarras, dis, mon trésor, quand il s'est agi du carnet de chèques?... A huit heures, les perdreaux, et un petit tango. Tantôt, le golf, et un petit tango. Ce soir, trente personnes à dîner, et pour finir, tango général. La nuit prochaine, tango particulier, pour nous deux. Demain...

— Mon Dieu !

— Et dans huit jours, nous allons chez les Catimini, en Poitou. Dans quinze, chez les Karakadec, en Bretagne. Le mois prochain, dans le Berry. De là, en Sologne.

— Mais je ne connais pas tous ces gens-là !

— Je te ferai inviter, mon amour. Ils consentiront à tout ce que je voudrai pour avoir un fusil comme moi... Allons, à tout à l'heure.

(La dame paraît se résigner. Ce dialogue est terminé. Mais un autre commence bientôt avec la femme de chambre :)

— Marie !

— Madame a sonné?

— Oui, faites mes malles immédiatement. J'ai

reçu une dépêche : il faut que je sois partie dans une heure.

Etc...

⟶

POUR CHASSER A COURRE (1)

— Belle chasse, n'est-ce pas?

— . . . .

— Vous ne trouvez pas?

— Vous savez, moi, galopailler de carrefour en carrefour, non, ne me parlez pas de ça. Faire du pays à la queue d'un renard (2), à la bonne heure ! En An-

(1) Il faut être vêtu avec grand soin, et selon la règle de 1913 : tunique très courte, bottes minces à triples semelles et lourds talons, l'éperon court à la cheville, etc. Un irréductible mépris doit emplir votre âme pour toute personne qui ne semblerait pas aussi bien habillée, à moins toutefois que cette personne ne soit convenablement titrée. Si quelque innocent se montre assez simple pour vous féliciter touchant quelque partie de votre ajustement parfait, répondez seulement avec bonhomie : « Bah ! c'est bien commode, c'est pratique... »

En outre, vous aurez fait des pieds et des mains pour obtenir une invitation aux chasses où vous paraissez en aussi bonne tenue. Néanmoins vous y languirez à force de dédain. Vous agonisiez à la pensée de ne pas chasser à courre, mais vous mourrez plutôt que d'avouer que vous aimez ça. Le souvenir de l'Angleterre, ou de Pau, vous emplit de mélancolie.

(2) Les expressions de vénerie sont métaphoriques.

gleterre, où j'ai beaucoup chassé, voilà un divertissement. Mais ici !...

— Vous avez un beau cheval.

— Oui, il a un peu l'air d'un monsieur. Il est aussi
assez entreprenant, et moins viandeux que tout ce qui
nous entoure. C'est un bon canard pour perdre une
heure en forêt, avec un équipage. A Pau, j'ai autre
chose que ça !

— Vous êtes souvent allé à Pau ?

— J'y vais tous les ans. Là, on galope. Il y a du
plaisir. Tenez, monsieur, vous voyez cette haie (1)?
A Pau, vous sautez le double tous les 500 mètres. En
Angleterre...

— Écoutez, voici l'hallali, je crois...

— . . . .

— C'est ravissant, tous ces chiens derrière le cerf,
n'est-il pas vrai ?

— A Pau, l'on a mieux gagné son repos.

— Les chiens auront tout de même bien travaillé,
aujourd'hui.

— En Angleterre, vous avez des chiens qui...

— En somme, vous détestez nos chasses à courre.

— Cela vaut toujours mieux que d'aller au café,
évidemment.

— Ah ! voici le duc de Maltempois, le baron Marbaud, M. Grenu-Tampon, qui arrivent à l'hallali.

---

(1) Elle ne doit pas avoir moins de 1 m. 20. Si c'est un fossé,
4 mètres minimum.

— Ce sont des maîtres d'équipage, je crois?

— Oui, l'équipage Grenu-Tampon chasse en Sologne, l'équipage Marbaud en Normandie et l'équipage Maltempois en Champagne.

— Oh ! présentez-moi !...

— Mais auquel de ces messieurs?

— A tous les trois, je vous prie !

◆

DIALOGUES COURANTS POUR VISITES, DÎNERS EN VILLE ET RÉCEPTIONS MONDAINES

— Vous savez le dernier scandale? Il paraît que Mme Du Treillis s'est enfin fait pincer dans une de ses garçonnières.

— Elle en a donc plusieurs? Je croyais qu'elle faisait garçonnière commune avec Jean de Jeanotière?

— Jean de Jeanotière, c'est son amant reconnu et légitime. Mais Mme Du Treillis a ses amours particulières. Elle entretient le petit Madoré, comme vous savez : il lui faut pour lui un second nid d'amour. Et un troisième enfin, où elle fait la débauche. C'est dans celui-ci qu'elle s'est laissé pincer.

— Par son mari.

— Non, par le commissaire de police. Il a dû faire une descente : les voisins se plaignaient. Il a trouvé là plusieurs dames, et même des petites filles... Effrayant !

— Et le mari, qu'est-ce qu'il en dit?

— Bah ! il a bien d'autres choses en tête. Il s'occupe de collections d'art. Il sert d'intermédiaire entre le faubourg Saint-Germain et la brocante. Le ménage vit de ça. L'autre jour, chez moi, Mme Du Treillis racolait des clients pour son mari.

— Vous la voyez beaucoup?

— Mon Dieu, oui. C'est la cousine, en somme, de la marquise de Clarifontaine et des Trouillon-Crépy.

— Vous m'en direz tant.

*
* *

— Vous connaissez Mme X.?

— Je crois bien. Pauvre femme ! Elle en a enduré, celle-là, avant son divorce ! Son mari l'insultait publiquement, et la battait au logis. Ajoutez qu'il la trompait sans aucun ménagement, jusque dans son propre appartement. C'était un ivrogne, qui rentrait perdu de boisson. En outre, il jouait dans les tripots et spéculait à la Bourse. Il a ruiné sa femme et ses cinq enfants. Une vraie fripouille, allez !

— Mme X... doit se trouver gênée au point de vue pécuniaire, maintenant.

— Dites qu'elle ne sait comment faire. Mais elle est courageuse, digne et discrète, ne demande rien à personne, et élève parfaitement ses cinq mioches.

— Vous la voyez beaucoup?

— Mme X...? Une femme qui a divorcé?... Je crois que vous devenez fou, ma parole d'honneur !

*
**

— J'ai assisté à une séance de correctionnelle aujourd'hui. Je me suis amusée comme une folle !

— Ce doit être bien intéressant.

— Ne m'en parlez pas ! On jugeait une entremetteuse qui avait livré, pour de l'argent, sa fille, une mineure de dix-sept ans, à un vieux richard. C'était une mégère bien répugnante. On devrait jeter au fumier de telles créatures.

— Vous ne craignez donc pas de vous montrer dans ces endroits-là?

— Oh ! non. J'avais un bon chaperon, Mme de Kermaradon m'accompagnait. La vénérable Mme de Kermaradon en personne.

— En effet... Mais, dites-moi, c'est bien la mère de la gentille petite Yolande de Kermaradon, cette jolie blonde dont les dix-huit printemps embaument tout un salon?

— Oui, justement. Était-elle assez ravissante,

Yolande, l'hiver dernier, à la Madeleine, quand elle a épousé le banquier Vaubert !

— Est-ce qu'il n'est pas un peu âgé, ce Vaubert?

— Dans les soixante.

— Et bien laid. Et bête, en outre, et très gâteux.

— C'est un homme qui vous a 300 millions comme un sou, vous savez. Il a froidement donné le château et la terre de Cinqmaisons au ménage Kermaradon comme cadeau de mariage. Il a de plus reconnu à Isabelle...

— Bien, bien. Tout va pour le mieux. Mme de Kermaradon est une digne et sainte femme : vous ne trouvez pas curieux qu'elle s'intéresse si fort aux affaires de mœurs?

****

— Vous êtes en relations avec cette crapule de Méziny?

— Avec le prince de Méziny? Certes ! Et même je le tutoie... On dit qu'il joue à la poussette. Avec cela, c'est un tapeur entre les tapeurs, qui vit aux crochets de la vieille danseuse Sandrino. Il est mauvais comme la gale, et voire un peu menteur. Mais c'est aussi un vrai prince. Il a de la race et beaucoup de charme.

— Vous savez qu'il vient d'être prié par le comité du Jockey de donner sa démission.

— Je me suis toujours méfié de lui. D'ailleurs nous

ne perdons rien. Franchement, vous le trouvez séduisant? Il a l'air d'un bœuf endimanché, ne lâche que des bourdes, et crache comme un paysan. Un vrai mufle, mon cher.

11. — CONSEILS PRATIQUES

On publiait autrefois des petits livres bien commodes. C'étaient des manuels de bon ton, des « Civilités puériles et honnêtes ». Se trouvait-on embarrassé pour écrire une lettre, ou au sujet de la façon dont il fallait dire « Dieu vous bénisse ! » après qu'un chacun venait d'éternuer? Vite, en prenait son bouquin, on le feuilletait, et l'on se voyait aussitôt renseigné. Les braves gens qui arrivaient de leur province portaient toujours un de ces guides en leur poche; et à toute minute ils le consultaient.

« Monsieur, je vous aime ! » leur avouait tendrement une dame.

Éperdus, ils répondaient : « Attendez un instant !... » et ils se sauvaient derrière une porte ou un paravent, afin de chercher ce qu'il était convenable de répondre. Cela simplifiait beaucoup la vie.

Il y avait aussi de ces belles images d'Épinal, que nous connûmes quand nous étions petits, sur lesquelles on voyait le méchant Pierre commettre toutes les actions répréhensibles, cependant que le bon Paul, au contraire, se conduisait, en chaque circonstance semblable, aussi bien que l'autre agissait mal. Nous nous permettrons de signaler dès aujourd'hui à l'Académie le mérite des images d'Épinal, pour ses prix de 1914 : il n'y a rien de plus utile ni de plus moral, même pas *l'Élève Gilles*.

Persuadé que des conseils analogues, touchant les principales difficultés de la vie, seraient bien accueillis, nous allons raconter aujourd'hui un dîner au restaurant.

Or, je crois voir le méchant Pierre et le bon Paul accomplir simultanément cette cérémonie sur une de ces fameuses estampes à un sou. Suivons du doigt les petits tableaux : voici d'abord le méchant Pierre qui entre vers neuf heures un quart au restaurant, derrière une troupe de mauvaises femmes, aussi empanachées que surchargées de bijoux; il a le chapeau enfoncé sur la tête, et tout ce monde laisse tomber sur l'assemblée des autres dîneurs un regard sévère, sombre même, presque cruel, et comme secrètement écœuré. Pour un rien, on croirait qu'ils vont s'en aller, plutôt que de prendre leur repas dans un tel endroit, et en face de voyous pareils !

Puis, quand le méchant Pierre et ses créatures dégoûtées se sont enfin dirigés, d'un pas raide et lent, vers une table que leur indique le maître d'hôtel, ils hésitent : s'assiéront-ils là ? Ils n'en savent rien, dirait-on, ils ignorent même s'ils ont faim, et si c'est l'heure du dîner. Et en attendant ils demeurent indécis, plus distraits encore qu'arrogants, ne voyant personne, semble-t-il. Leur rêve doit être évidemment d'agir comme s'ils se trouvaient dans une île déserte, seuls avec le pauvre maître d'hôtel, leur esclave.

Toutefois, ils retirent définitivement leurs manteaux. Les « créatures » ont des épaules charmantes, mais ce détail ne semble même pas leur faire plaisir. Les voilà installés, une bonne fois. Ils commandent maintenant le menu : ah! quel désastre! A chaque plat, qu'on leur propose, ce sont des mines affreuses de répugnance; la grande blonde semble réellement incommodée par l'offre d'un salmis; quant à la petite brune, tel coulis qu'on lui propose paraît l'offenser personnellement, et gravement. Lorsqu'ils ont fini par tomber d'accord sur quelques mets très simples, ils les mangent, mais d'un air maussade et pincé, en tenant leurs couteaux et leurs fourchettes par l'extrémité du tout petit bout, de même que si ce fussent là des instruments contaminés par des cholériques. Ils ne font pas la conversation : à peine si le méchant Pierre s'occupe de ses voisines. De temps à autre, ils rient soudain, un peu fort, d'une chose qui, au fond, ne les amuse guère, afin que les voisins n'aillent pas les croire dénués de toute malice parisienne. Après quoi, ils reprennent soudain leurs physionomies dédaigneuses et sanguinaires, et demandent leurs manteaux ; le méchant Pierre distribue quelques pourboires, se coiffe de son chapeau, et ils s'en vont sans se presser — la moindre hâte risquant de donner l'impression qu'ils sont intimidés — vers d'autres plaisirs tout pareils, les malheureux !

En revanche, considérez le bon Paul sur la même image : il est blondin, rose et souriant. A sept heures et demie, il arrive au restaurant avec sa jeune épouse, modestement vêtue. Il la laisse entrer, et la suit, le chapeau à la main, d'un air avenant et empressé. Tous deux considèrent les dîneurs du regard le plus bien-veillant. Le bon Paul, en prenant place à la première table libre que lui désigne le maître d'hôtel, lance un regard plein de tendre jovialité à sa chère compagne et se frotte les mains en commandant du champagne, des truffes et des écrevisses. Puis il empoigne sa four-chette joyeusement, à la hussarde, et tout en man-geant de bon appétit, il ne cesse de tenir des propos empreints d'une gaieté décente et honnête. Il frise sa moustache en croc, ses remarques sont remplies d'une aménité continuelle, il se récrie touchant la succulence des plats, le mérite des vins, etc...

*
* *

Eh bien, le bon Paul exagère, assurément, mais pareillement le méchant Pierre, ainsi que ses demoiselles. La vérité est, comme toujours, entre ces deux extrêmes.

Quand vous irez donc dîner au restaurant, tâchez que votre femme ou votre belle amie ne reluise pas comme un ostensoir; obtenez qu'elle laisse à la maison certains de ses bijoux, et qu'elle ne s'habille point tout à fait comme une reine de féerie pour l'acte de l'apothéose.

Puis, vous n'avez pas besoin d'entrer en multipliant les sourires et en faisant la révérence. Mais pourquoi cet air sévère, mauvais, méfiant, farouche au besoin, qui est celui de quiconque pénètre dans une salle de restaurant? Vous croyez-vous en pays ennemi, ou tombé dans une embuscade? Pourquoi aussi affecter, comme beaucoup font, de ne remarquer, de ne voir même personne à l'arrivée, alors que tout à l'heure, à peine assis, vous n'aurez d'yeux que pour vos voisins et pour tous ceux qui surviendront à leur tour? Montrez donc un peu de bonhomie, s'il vous plaît, et quelque simplicité. C'est par embarras, au fond, que vous paraissez si terribles. Ne soyez pas gênés, il n'y a vraiment pas de quoi. Poussez la porte avec sérénité, regardez paisiblement autrui, faites comme chez vous. Aucune morgue : à quoi bon, et qui ça trompe-t-il? En outre, une grande politesse, il n'y a rien de si élégant.

Autre chose. Ne mobilisez pas dix garçons, n'appelez point le maître d'hôtel et le sommelier pour commander finalement un œuf sur le plat, deux sous de pâtes et une demi-Vichy... Outre que vous serez bien mieux chez vous pour venir à bout d'un tel repas, notez que la sobriété a fort passé de mode. On a cessé de vivre selon des régimes, et le mal d'intestins ne se porte plus du tout. En revanche, on est gourmet, et la gastronomie, tout comme la bibliophilie et le goût des objets anciens, caractérise le dernier bon ton. Vous pouvez donc combiner un menu savoureux et vous soucier d'une fine bouteille, ou de plusieurs : les voisins jugeront cela très « vieille France ». Or, comme vous savez, on est tout à fait à la « vieille France », pour l'instant.

Il ne me reste plus à présent qu'à vous recommander de présenter vos observations — si vous en avez quelqu'une à faire au garçon — sur le ton de voix le plus bas, et presque confidentiel. Quoi de plus révoltant, quoi de plus paysan, qu'un monsieur, rouge de colère, tempêtant au milieu d'une salle? L'on a envie de lui payer son dîner, afin qu'il aille crier ailleurs, au plus vite !

Après quoi, nous vous laissons, en vous souhaitant bon appétit. Occupez-vous surtout de votre appétit. Mangez bien, voilà l'important, et souriez... Mais pour sourire, dites-vous, il faut en avoir envie? Regardez donc discrètement autour de vous, et cette envie vous viendra tout de suite.

POUR RENDRE VISITE

Pour les messieurs ainsi que pour les dames, il est convenable de faire des visites. Cela se porte.

Seulement, les visites des hommes attirent davantage l'attention, méritent à plus juste titre qu'on en parle. Non qu'elles soient plus agréables, miséricorde ! Quoi de charmant, en effet, comme l'apparition dans un salon d'une femme toute gracieuse, légère, svelte, parfumée, vêtue de velours et de satins chatoyants? Quoi de si morne, au contraire, que l'entrée gauche ou triste d'un homme en jaquette, qui arrive soit avec un air d'enterrement, soit avec un sourire stupide, cogne une chaise ou deux, s'incline sans aucune grâce sur la main de la maîtresse de la maison, puis s'efforce de faire avec peine la conversation, si l'on peut nommer de ce nom sa lourde conférence ou ses pâles balbutiements?

Cela se conçoit du reste : depuis l'enfance, les femmes sont habituées aux visites.

Par contre, les pauvres hommes songeaient au football, quand ils étaient potaches, sinon aux savoureuses cigarettes défendues que l'on allait fumer vous savez où, sinon même au café-concert plus délectable

4.

encore : et il s'agissait bien des visites, en vérité !
Plus tard, ils songent à leurs affaires — ce qui est bien
une autre affaire, si l'on peut dire !... Où donc les
pauvres diables auraient-ils pris le temps de se perfec-
tionner dans l'art d'aller bavarder deux secondes chez
sa prochaine?

Cependant, il y a les oisifs qui ne laissent pas de
tuer fort bien un quart d'heure ou davantage chez
des dames pas toujours frivoles, çà et là, avant la
partie de bridge. Il y a aussi les pauvres bougres
d'écrivains pour qui les visites font partie de la profession, et à tel point que les malheureux considèrent
comme le moment le plus glorieux de leur carrière
celui où ils n'ont plus seulement une ou plusieurs,
mais bien quarante visites à faire de suite, avant que
de se voir admis ou blackboulés au cercle de l'Académie française.

Or, pour les oisifs élégants, pour les désœuvrés d'un
certain âge et pour les gens de lettres qui tourbillonnent de tous côtés dans les salons, pour certains fonctionnaires scrupuleux aussi, comme pour d'innombrables messieurs courtois qui ont des politesses à
rendre et à prêter, voici :

1º Ce qu'il ne faut pas faire.

Ne vous présentez pas en redingote, les mains
emprisonnées dans des gants trop étroits, boutonnés
avec peine sur vos poignets. N'apportez pas au salon
votre chapeau, que vous seriez forcé de tenir pieuse-

ment, comme un objet de prix, et dont il vous faudrait placer l'un des bords sur votre cuisse, quand vous seriez assis, en posant délicatement votre main sur le bord opposé, attitude ravissante en 1900, mais devenue dérisoire en 1913.

Ne baisez point la main de la maîtresse de maison en la portant à vos lèvres avec une gravité soudaine, jointe à un respect tremblant et comme éperdu. D'autre part, n'entrez pas avec une main dans votre poche, en tendant négligemment deux doigts aux dames, ainsi que pour dire à chacune d'elles : « Bonjour, ma vieille. Ça va?... »

Ne vous jetez pas dans un fauteuil en croisant les jambes, et allez donc ! Évitez également de vous asseoir en biais sur l'extrême bord d'une chaise — qui pourrait glisser, songez-y, et alors quel désastre ! — où posera seulement le demi-quart de votre inexpressible, révérence parler. Ne récitez pas d'une voix sonore le dernier sermon de Mgr Bolo sur le tango, ni le récent discours de M. de Montebello sur les tirs à volonté comparés aux feux de salve, ni le dernier hymne de l'abbé Péguy à propos de saint Jammes. Ne murmurez pas davantage, en souriant pauvrement : « Oui, madame... Non, madame... C'est un pays bien agréable... Ce matin, j'ai cru qu'il allait pleuvoir... »

Mais... 2º Ce qu'il faut faire.

Mettez une jaquette, si vous voulez témoigner

d'une émouvante correction, ou bien — c'est tout aussi convenable — un veston un peu foncé qui vous aille très bien. Laissez votre chapeau dans l'antichambre. Ayez des gants larges, sans boutons, qui se puissent ôter, remettre sans la moindre difficulté, machinalement, croirait-on. Arrivez même les mains nues, c'est cordial et gentil; mais, en ce cas, vous devrez avoir des mains admirablement soignées, et des ongles étincelants.

Entrez d'un air content, paisible, marchez modestement, sans nulle gêne toutefois. Il y a certaines personnes qui, par déférence, j'imagine, ne sauraient passer la porte d'un salon sans prendre une figure grave et un peu attristée, voire condoléante. Ne les imitez pas. Théoriquement, l'on vient rendre visite à quelqu'un afin de se réjouir un moment en sa compagnie : ah ! c'est ainsi.

Ici, vous me demanderez sans doute, comme le fiancé Thomas du *Malade imaginaire* : « Baiserai-je la main des dames?... » Non, ne baisez pas, Thomas. C'est un art trop difficile. On a toujours un peu l'air de jouer les « seigneurs de la cour » au Théâtre de Belleville. Puis, un monsieur peu ragoûtant a toujours passé avant vous sur cette main, cette main si jolie. Ne baisez pas. Ne donnez pas non plus le *shake hand*, c'est brutal. Serrez très discrètement la main que l'on vous tend. Si vous êtes amoureux de la dame, vous pouvez accompagner ce geste d'un regard pénétré soit de douleur, soit de gratitude — mais pas trop, cependant : il y a du monde.

Asseyez-vous paisiblement. Ne prenez pas un certain ton rude et bon enfant, vous savez?... ce ton exagérément familier qui semble dire : « Vous voyez que ça ne m'impose pas à moi, les femmes ! »

Mais sans timidité, sans respect d'un autre âge, vous vous mêlerez obligeamment à la conversation. Comme on finira tôt ou tard par parler théâtre, vous pourrez toujours tenir en réserve quelques opinions brillantes et de tout repos, qui vous serviront très bien plusieurs fois. N'oubliez pas d'aimer à la passion les ballets, la danse, la vieille cuisine française, les retraites militaires et les meubles anciens. Gardez en réserve une ou deux anecdotes, que vous attribuerez avec grâce à Tristan Bernard ou à Sacha Guitry. Si, en outre, vous refusez le thé qu'on vous offrira, pour accepter en revanche un grand verre de porto, vous aurez l'air tout à fait original, et l'on vous appréciera vivement... Allons ! une dernière petite, toute petite anecdote, on rit, vous vous sauvez sur ce succès — et ainsi, c'est gagné : vous avez fait une bien jolie visite.

LE BAISEMAIN

Il est doux d'aller dans le monde. Ce n'est pas sans plaisir que l'on a revêtu son habit, et que l'on se promet de dîner délicatement, avant que de se rendre en tel ou tel salon, dont on connaît l'accueil prévenant et l'hospitalité du vieux temps. L'on sait que les femmes seront parées avec beaucoup de choix et d'invention, qu'elles porteront sur elles cinq cents ou mille perles, bruissant sur des étoffes de ballet russe, qu'elles souriront en outre et vous complimenteront peut-être à propos de ceci ou de cela. L'on s'étendra dans un fauteuil Louis XVI, l'on passera sur son visage un mouchoir comparable, par son parfum, à quelque brise des îles, et l'on allongera devant soi, tout en faisant des mots, un pied chaussé de la soie la plus fine... Telles seront les délices qui vous attendent de toutes parts, passé dix heures du soir, ou plutôt telles seraient-elles, ne fût, hélas ! le baisemain...

Le cruel baisemain ! Car cette cérémonie vous menace, il faudra bien vous y soumettre, elle vous aura. Depuis quelques années, on baise beaucoup la main des dames. Voici un lustre ou deux, c'était se distinguer que d'agir ainsi ; c'était se conduire comme au théâtre, ou, si l'on préfère, comme sous l'ancien régime; c'était viser à l'original; bref, c'était un peu, selon l'expression militaire, donner le bonjour en fantaisie. Mais, à présent, il n'y a plus là qu'un usage courant..

Pas si courant, pourtant... Il se trouve en effet des réceptions, soit très sérieuses, soit d'une extrême frivolité, où baiser la main témoignerait tantôt d'un excès de cérémonie, tantôt d'une aisance déplacée. Il se rencontre aussi des messieurs distraits qui n'y pensent guère et des gens très occupés qui ont d'autres soucis, parfois plus importants. Mais quiconque se pique d'une élégance de manières ou d'esprit, quiconque se souvient des façons d'hier ou veut que celles de demain soient aimables, quiconque prétend au bel air enfin, suit cette mode. Comment donc s'y soustraire? On semblerait un réfractaire. Dans certains milieux, on serait regardé sévèrement, et déjà chacun penserait : « Oh ! voici un révolté, un censeur, une forte tête...» Ce sont des jugements à faire trembler, et plutôt que de les encourir, mieux vaut s'incliner toute la nuit sur des doigts innombrables.

D'autant qu'il y en a de charmants, certes. Les yeux mi-clos, afin de supporter l'éclat des ongles et des bagues, c'est en souriant qu'on se penche vers eux, et vous ne maudissez point alors le sort délicieux qui les porte à vos lèvres, dès l'entrée d'un salon — ou du moins vous ne le maudiriez point, si vous étiez arrivé le premier... Mais, hélas ! quelqu'un vient de présenter avant vous, devant vous, ses hommages; et ce quelqu'un-là est justement un barbon dont le baiser sonore, sinon pire, ralentit fort l'élan qui vous portait vers la main ravissante... Si bien que s'il ne tenait qu'à vous, un simple salut, beaucoup plus simple, à l'ancienne mode, remplacerait volontiers le fâcheux baisemain.

Avouons qu'il en va de ce geste suranné ainsi que de bien d'autres vieilles coutumes : elles furent jolies et le sont moins. Je veux dire enfin qu'on ne s'y astreint plus sans préméditation. Un coquet gentilhomme, en culotte de cour et pourpoint, n'avait peut-être pas plus de charme, en baisant la main d'une dame, qu'un très élégant gentleman contemporain en habit noir et pantalon long. Cependant, ce dernier fait exprès d'être gracieux ainsi, ce qui gâte tout. Puis, s'il s'agissait d'un baisemain, et non pas, comme il arrive le plus souvent, d'un mouille-main ! Car telle est la tribulation qui nous attend. Dans un salon très recherché, jamais nous ne sommes les premiers sur une main, mais nous y arrivons toujours placés. Un soir vient, à la longue, où l'on se décourage.

Ce n'est pas à dire que vous ne puissiez souvent poser un certain baiser camarade et déférant sur des doigts très chers. Néanmoins, en ce cas, vous vous trouvez deux ou trois au plus, qui allez causer en toute intimité; l'on vous attendait, l'eau du thé murmure en face du porto qui luit dans le flacon taillé, et le baisemain est moins alors acte de courtoisie que de cordialité. Les doigts se tendent, comme pour arrêter : « Qui va là ? » Deux lèvres répondent sans paroles : « Un ami. » A la bonne heure !... Tout ce qu'on exprime sans parler est toujours fort bien dit, et l'on peut y croire.

◆

LA CIVILITÉ TÉLÉPHONIQUE ET HONNÊTE

Assurément il n'est pas ici-bas que de se montrer poli. Ainsi que l'écrivait un jour Fœmina, la politesse ne serait peut-être, en somme, qu'une bonté légère, et bien légère ! Mais ceci s'entend de la politesse raffinée que nos pères ont connue. Il faut trois siècles pour apprendre à faire des révérences vraiment délicieuses et des saluts exquis, non moins que pour s'habituer à contredire autrui comme on lui offrirait des fleurs, ou se contraindre à lui demander les nouvelles de sa santé en l'engageant à croire bien réellement qu'on écoutera sa réponse.

Il est certain que sans un minimum de politesse, la

vie lasserait la patience d'un saint. Or, en de certaines circonstances encore toutes nouvelles, ou même presque nouvelles, dans l'usage du téléphone par exemple, ce minimum n'est même pas atteint. Cet instrument autoritaire ne permet ni douceur, ni égards, ni civilité d'aucune sorte : c'est la barbarie, et pis que cela, l'état de nature. Dès qu'il décroche son récepteur, l'homme remonte immédiatement au singe. Si le serpent avait parlé par téléphone à notre mère Ève, qui sait ce que celle-ci lui eût répondu.

Tôt ou tard, une tradition s'établira, d'ailleurs. Un âge d'or viendra où nous connaîtrons des grâces téléphoniques. Et tout d'abord, les demoiselles ne diront plus : «On vous cause», ce qui est non seulement une faute de français horrible, mais une véritable marque de méchanceté grammaticale, quand il est si facile de prononcer : «On vous parle.»

Puis, il s'établira forcément certain protocole, on ne saurait prévoir lequel, mais enfin l'on voudra sans doute bien faire quelque différence entre le monsieur qui est là, qui s'est dérangé pour vous rendre visite, et vous expliquer avec soin, de vive voix, telle ou telle affaire, et l'inconnu lointain qui vient brusquement, sauvagement, rompre toute la conversation par une sonnerie impérieuse autant que terrible !

Qui n'a connu cette scène douloureuse, en effet? L'on se trouve dans le cabinet d'un ami très cher, à qui l'on expose quelque délicat scrupule de conscience, ou

bien chez un homme d'affaires que l'on veut persuader
au sujet de telle négociation difficile, subtile, à laquelle
il devra prêter toute son attention, tous ses soins.
L'on pèse ses mots, l'on s'applique à éviter toute
maladresse, et au moment le plus périlleux... drrr ! !
c'est le téléphone qui retentit ! Un intrus vous a soudain coupé la parole au beau milieu d'un mot. « Vous
permettez ? » demande l'ami, ou l'homme d'affaires ;
et bien avant que l'on ait répondu, docile et consterné :
« Mais je vous en prie... » votre interlocuteur répond
déjà, penché vers son odieux récepteur, discute
interminablement, sourit, donne des nouvelles de
madame, des enfants... Car la coutume veut que l'on
hésite davantage à témoigner d'un soupçon de discourtoisie envers celui qui téléphone paresseusement,
de loin, un verre de porto aux doigts, et les pieds dans
ses bonnes pantoufles, qu'envers quiconque a affronté
la pluie ou la boue, et s'est risqué parmi les autobus
pour venir vous trouver.

Et s'il arrive que vous souhaitez de convaincre une
dame, dont l'attention est plus volage encore, touchant quelque sujet d'où toute complication n'est
point exclue, vous allez atteindre enfin au dénouement
adroit de circonlocutions prudemment conduites...
mais drrr ! ! ! voilà une amie qui sonne férocement pour
parler d'un bridge, d'une modiste ou d'une partie de
golf. Vous haïssez cette amie lointaine, cette gêneuse :
votre haine ne l'empêchera pas de bavarder pendant

un quart d'heure. Puis, quand la dame revient à vous :
« Ah ! fait-elle, où en étions-nous?... » Hélas ! nulle
part, maintenant.

Autre chose. Vous travaillez : mille papiers encom-
brent votre table, l'affaire se dessine, ou l'inspiration
vient... Bon ! on frappe : « Monsieur ! vite ! le téléphone !... » Or, la machine maudite se trouve dans la
pièce voisine. Vous vous levez en hâte, vous courez,
pestant comme le diable, vous arrivez au téléphone
enfin : « Veuillez attendre, vous dit une voix glacée,
on est allé chercher la personne qui vous demande. »
Et ladite personne vous contraint à demeurer là très
longtemps, après quoi elle survient, et vous dit d'une
voix souriante : « Comment allez-vous?... » Adieu,
l'inspiration ! Adieu, l'affaire qui se dessinait joliment !
C'est avec horreur que vous répondez d'un ton bénin :
« Je vais très bien... » On ne saurait aller plus mal, au
contraire.

Objectera-t-on qu'il est doux d'aller au téléphone,
parce que tout prétexte à ne plus travailler, fût-ce
pendant un instant, est le bienvenu ; que la dame est
ravie qu'on la dérange alors que vos discours embar-
rassés lui causaient du souci ; que votre ami profitera
du téléphonage pour ne pas vous donner un conseil
embarrassant ; et que l'homme d'affaires appuie avec
son pied sur un bouton, afin qu'on le sonne, quand
l'entretien devient trop épineux, et qu'il a besoin de
réfléchir ou de rompre les chiens?...

N'importe, la civilité téléphonique et honnête est, semble-t-il, un livre à écrire depuis A jusqu'à Z, et je ne sais si personne y songe.

✦

POUR DANSER LE TANGO

Mais d'abord, de quel tango s'agit-il? Voulez-vous parler du tango snob, du tango sport, du tango ballet, du tango mathématique, du tango chaste, du tango langoureux, du tango amoureux, du tango sournois ou du tango obscène? Car nous tenons tous ces articles-là. Le tango est un terme générique, ainsi que le mot « roman » par exemple : vous avez le roman triste, gai, social, maritime ou édifiant, le roman à voyage en Italie, pour aller dans le monde, le roman à conversion religieuse, pour entrer à l'Académie, etc. Il faut s'entendre.

Choisissez-vous le tango snob? Il est un peu ennuyeux. Figurez-vous un pas où l'on bouge imperceptiblement, et que l'on indique seulement, d'un air compassé, glacial et légèrement désagréable... Ultra-correct, mais consternant.

Préférez-vous le tango sport? Il consiste à s'agiter beaucoup au contraire, à multiplier les figures, à occuper toute la salle, en promenant une danseuse énorme, autant que possible. Pour le tango ballet, il convient de danser non seulement avec ses pieds et ses jambes, mais en soignant toutes ses attitudes, en surveillant jusqu'à son visage : très théâtre. Exagérez encore le rythme, la mesure, calculez vos pas au métronome, et vous avez le tango mathématique.

Un tangueur chaste dirige sa danseuse du bout des doigts, de très loin. Un langoureux se rapproche davantage, se balance, se berce, finalement, à force de rêver, se trompe dans son pas, et c'est merveille s'il ne tombe. L'amoureux ne sait ce qu'il fait, et danse comme un sabot : preuve de son trouble. Le sournois ne songe qu'à deviner — si l'on peut dire — comment sa danseuse est construite. Quant à l'obscène, nous ne savons au juste comment il s'y prend, mais il est très recherché par les dames un peu mûres, et redouté par les jeunes.

Eh bien, avez-vous choisi? De quel tango parlerons-nous donc? Non pas, en tout cas, de l'obscène, ni du sournois, celui-ci n'étant destiné qu'au collégien dansant avec sa petite cousine, et celui-là aux cabarets de Montmartre. Pour les autres, il y a quelques principes dont il faut se pénétrer, et les voici.

Tout d'abord, le pied. Quel que soit votre genre de tango, vous devrez avoir un cordonnier admirable.

Plus de ces chaussures bariolées, pour les dames, mais de délicats souliers d'un seul ton, avec des barrettes de cuir, ou de ravissants cothurnes à rubans croisant sur le cou-de-pied et la cheville; et les bas seront de la même nuance, s'il vous plaît. Les hommes éviteront les bottines lourdes ou à gros bouts ronds, si maussades; mais leur chaussure sera légère et pointue, très raffinée, très soignée. Point de tiges trop voyantes. Des souliers aussi, avec des guêtres parfaitement coupées; ou encore pas de guêtres, si l'on danse au jardin, et si l'on porte un pantalon relevé; mais, alors, des chaussettes étroites, et d'une finesse ! Pour se risquer au tango, plaisir un peu cérémonieux, il convient d'avoir le pied plus ganté que chaussé.

Il va de soi que les cavaliers éviteront également d'être vêtus à la bonne franquette. Sans s'habiller comme des poupées, ils feront bien, néanmoins, de porter des vestons et des jaquettes qui les amincissent : le tango n'est pas fait pour les sacs de son.

Quant aux dames, leurs toilettes sont tellement souples, cette saison, que toutes celles-ci, depuis les plus négligées jusqu'aux plus tralala, semblent faites exprès pour de mourants et délicieux *corte*. Il y aura seulement lieu de prendre garde aux jupes exagérément légères, vagues et « flou », qui se gonflent ainsi que des ballons au moindre mouvement tournant que l'on exécute; car de telles jupes, loin de plaquer sur les hanches qu'elles recouvrent, s'en éloignent plus ou moins dès que l'on tangue, et aussitôt qu'une jeune personne s'anime tant soit peu, voilà soudain qu'elle ressemble à une sonnette, et ce n'est pas beau.

Reste la question du corset... Oh ! c'est si simple ! Pas ombre de corset, si vous voulez vraiment tanguer avec grâce. On ne vous permet qu'une ceinture, et encore sera-t-elle semblable aux sinueuses écailles des sirènes, et non pas à une sorte de gros cache-pot, dur comme fer, ainsi qu'il y en a.

Enfin, travaillez avec assiduité. Vous savez ce que l'on entend par travailler très sérieusement le tango ? C'est non seulement suivre des cours, et danser dans les élégants « thés-tango », mais aller jusqu'à prendre des leçons particulières. Or, ces leçons ayant lieu à des heures bizarres, elles servent plus d'une fois d'alibi. Si bien que pour Madame la répétition du tango s'appelle fréquemment M. X..., un ami charmant, alors que pour Monsieur elle se nomme non moins souvent Mlle Y..., une camarade exquise. « La cigale, ayant tangué tout l'été, se trouva bien fatiguée quand la bise fut venue... » Tiens, parbleu ! cela se conçoit.

POUR ALLER AUX COURSES

Pour les hommes, il y a deux tenues, deux seulement : soit la jaquette noire ou presque noire, en cheviote, le pantalon de fantaisie et le chapeau haute forme ; soit le complet veston, avec le chapeau de paille ou le chapeau rond. Un œillet pourpre à la boutonnière est facultatif ; mais cela date légèrement. Quelque discret ruban rouge fait mieux. En tout cas, ne mélangez point : pas plus de jaquette avec un chapeau rond, que de haute forme avec un veston. S'il pleut très fort, un manteau imperméable quelconque sera toléré ; l'important, c'est que jamais un monsieur — ce qu'on appelle un monsieur — ne soit rencontré avec un parapluie. Tout vaudrait mieux que cette honte.

Il va de soi qu'aucun homme ne doit, bien entendu, se rendre aux courses sans une lorgnette enfermée dans son étui de cuir, qu'il a coutume de balancer négligemment à la main, ou qu'il porte en bandoulière. Plus cet étui semblera vieux et culotté, meilleur air il aura ; on en vend chez les bons faiseurs de tout vieux, quasiment pourris : ils sont parfaits.

Côté des dames. Ici les tenues sont innombrables ; néanmoins nous y distinguerons trois manières, trois genres principaux de robes, à savoir : le genre « nue », le genre « presque nue », et le genre « bientôt nue ». Le genre « nue » est destiné aux jours de chaleur torride : il consiste en ces robes exquises que vous savez, formées d'une dentelle légère ou d'une mousseline impondérable et transparente — une vapeur, une brume, plutôt qu'une étoffe — sous lesquelles nos compagnes adorables vont toutes nues, en effet, puisque l'on ne saurait nommer sérieusement chemises, cache-corsets ou pantalons les petits morceaux de papier à cigarettes dont les « dessous » d'une élégante se trouvent aujourd'hui composés. J'entends qu'elles se récrient : « Mais nous avons nos corsets ! » font-elles. Ouais ! Ces vagues ceintures de hanches en tissu élastique, qui ne compriment même plus le ventre, ce serait des corsets, ça?... Non, mesdames, non. J'ai vu des corsets dans mon enfance : et c'étaient d'autres meubles que vos bagatelles d'à présent, fichtre !

Le genre « presque nue » convient aux après-midi tièdes et modérés. Entendez par ce terme certaines toilettes sous lesquelles on sent bien, évidemment, que les corps si souples des dames sont séparés de l'air extérieur par des étoffes d'une ténuité miraculeuse, des étoffes presque invisibles à force de finesse et de légèreté, néanmoins des étoffes, de réelles étoffes qui sont là, qui trompent le regard, et qui gênent.

Quant au genre « bientôt nue », il est tout indiqué

pour les journées grises et froides, au cours desquelles de petites ondées tombent parfois. C'est le costume tailleur tout bonnement, cependant le « tailleur » tel qu'on le fait aujourd'hui, c'est-à-dire tellement « flou », à peine fixé aux hanches, si extraordinairement décolleté, et si curieusement écourté, que l'on songe : « Mais il ne tient presque pas, ce costume, ou du moins il ne tient qu'à un fil : tout à l'heure, il tombera, et la petite dame se trouvera fort dépourvue. »

Et pour la grande pluie, la tempête, ou le déluge, quel sera le genre de robes, demandez-vous? Question absurde, mesdames. Ces jours-là, une femme raisonnable ne se rend ni à Auteuil, ni à Longchamp : elle va visiter ses amies, dans son auto bien fermée. Il y a le bridge, n'est-ce pas? Et le tango n'est pas pour les chiens.

Autour des tribunes, et dans les tribunes mêmes, l'attitude d'une dame a son importance. Il ne faudrait point se figurer en effet qu'il suffise d'arriver à Longchamp bien fraîche et pimpante, tout ensemble langoureuse comme une créole et souriante à la façon inimitable d'une midinette, puis de s'asseoir n'importe où, et de rester là, ou bien de se pavaner longtemps et inlassablement sous les yeux d'abord charmés, mais bientôt moqueurs du public...

Une personne opportune et comme il faut aura l'air, si peu que ce soit, de s'intéresser aux chevaux, quand elle se rend sur un champ de courses. Seule une innocente ou une parvenue arrive au pesage en écarquillant des yeux ingénus, et en regardant des robes, et encore des robes. Assurément, l'on n'est point céans pour un autre motif que celui d'examiner, non sans une noire malveillance, les mille et trois toilettes d'autrui. Pourtant il y aurait quelque gaucherie à laisser paraître avec trop de passion cette enfantine curiosité. Aussi sera-t-il convenable de consulter fréquemment son programme, d'y inscrire çà et là des signes cabalistiques, de lever parfois un regard anxieux vers le tableau d'affichage, d'aller contempler d'un air discrètement connaisseur — pas trop : gare aux gaffes ! — les chevaux des prochaines courses, qui tournent en rond au paddock.

Pendant les épreuves, enfin, ne point tourner avec une sotte impertinence le dos à la piste, mais suivre la course en murmurant à demi-voix — ne criez pas, c'est un peu Second Empire — les exclamations réglementaires : « Comme il veut !... En valsant !... Il se promène !... », etc... Si vous jouez, mesdames, chargez quelqu'un de faire vos paris; que ceux-ci toutefois demeurent un secret entre ce quelqu'un et vous-même. Sous aucun prétexte, vous ne consentirez à révéler le nom des chevaux sur lesquels vous avez parié, que vous ayez gagné ou non : ainsi paraîtrez-vous avoir un plan, des idées arrêtées, une indiscutable science sportive, et qui sait? des tuyaux peut-être. Rien n'est plus impressionnant.

Les recommandations ci-dessus s'appliquent également aux hommes. Nous prierons seulement ces derniers d'observer que si les femmes agissent sagement en témoignant de quelque intérêt pour les chevaux, il n'y a pire niaiserie pour un pauvre monsieur que de se trouver aux courses en oisif qui muse et tue son dimanche. Coûte que coûte, un citoyen conscient et bien organisé ne peut se dispenser, dès qu'il a pénétré à Longchamp, de considérer les cracks avec une compétence raffinée (tout est dans la façon de froncer légèrement les sourcils et de hocher la tête), de suivre la course à la lorgnette en haletant, bien qu'impassible en apparence, de saluer familièrement un ou deux propriétaires (saluez toujours, qu'est-ce que vous risquez?), de parier avec désinvolture et de citer les noms bien connus de Carter, Cunnington, Bartholomew, George Stern, comme si l'on venait encore de les voir le matin même, comme si l'on se trouvait ainsi documenté à merveille, et en possession de tuyaux étonnants...

Coûte que coûte, disions-nous? Mais quiconque prétend faire si bonne figure aux courses le saura d'ailleurs bien vite, ce que cela coûte : une fortune. On ne va pas hésiter, j'espère?

DE LA POLITESSE SPORTIVE

Le monde des courses s'est vu ému, cette année, et même troublé, par un très léger incident : un cheval nommé Amoureux III, appartenant à M. Belmont, a gagné brillamment dans une épreuve où, le matin même, chacun pensait qu'il n'allait point disputer sa chance, mais au contraire déclarer forfait. Voilà, c'est tout. Cependant il n'en fallut pas davantage pour susciter des commentaires et animer d'austères censeurs.

Sans doute Amoureux III s'est-il trouvé à une cote plus haute, partant à l'improviste, que si sa participation à la course eût été certaine, annoncée, et sa chance officiellement prévue par les journaux. En outre, le dépit de ceux qui avaient joué l'autre favori, Amoureux III étant supposé hors de la course, se joignit au courroux, bien plus vif encore, des personnes à imagination qui pensaient : « Si j'avais su, j'aurais mis quelques sous sur lui ! Ces sous me rapportaient une somme rondelette. Avec la somme, j'achetais un billet de loterie. Le billet sortait. Etc... » Grand sujet de mélancolie ! Aussi, accueil glacial au retour du gagnant, murmures scandalisés, visages sévères dans la foule du pesage... Ah ! le turf a ses nerfs.

Mais il a surtout ses manies... Où plutôt, n'usons point de ce terme « manies », qui n'est pas bienveillant, qui blâme, qui raille. Le turf a ses lois, d'abord, qui sont admirables et délicates. Ensuite, il a ses usages, et ceux-ci s'imposent au nom de la tradition, de l'urbanité, d'un certain goût. Ne les enfreint pas qui veut. Il y a un bon ton dans le sport, et s'y conformer n'est pas du dilettantisme, comme partout ailleurs, mais une nécessité. Outre le « Code des courses », — ou de tout autre sport, — quiconque méprise le « Manuel des usages » se voit bientôt suspect, et on l'exile. Le sport est très ancien régime.

Nous avons un Code civil : on le fait remonter à Napoléon, mais voilà bien de l'honneur. A qui ce pauvre ouvrage a-t-il jamais rendu service? Il contient d'aimables obstacles, que les avocats et les avoués se font un jeu charmant de franchir avec grâce. Cependant, à combien de cas, sur cent, les articles anguleux du Code apportent-ils une solution élégante, précise et commode, sinon à deux ou trois peut-être, — et pourvu que ces derniers ne soient guère compliqués !

Au lieu qu'un Code des courses... Mais il devrait se trouver dans toutes les mains ! Rien n'y est laissé au hasard. Les moindres incidents sont prévus. Des lois habiles s'insinuent finement entre les difficultés, les débrouillent, les réduisent à presque rien. Et chaque année, chaque saison, les juristes soigneux et subtils de la Société d'Encouragement et des Steeples amendent, corrigent, complètent, polissent et repolissent ce monument de sagesse et de méthode. L'on conseille aux jeunes gens d'assimiler quelque importune et prétentieuse philosophie : mais après de bonnes études latines, sur quoi pourraient-ils mieux méditer que sur le Code des courses, afin de se former l'esprit. Il en faudrait faire des éditions classiques, pour les collèges.

Puis, ainsi que l'on prenait jadis des leçons de maintien, alors indispensables, nos jeunes gens apprendraient aujourd'hui les règles très rigoureuses de la civilité sportive et honnête. Nul encore n'a songé à les écrire : elles sont orales, et l'on se les transmet assez mystérieusement. Mais un petit manuel serait le bienvenu. Il guiderait les débutants, ou les étrangers qui nous connaissent mal. On y apprendrait comment il faut se comporter quand on a gagné, les mots qu'il convient de dire si l'on a perdu, jusqu'à quel point l'on peut demander à un propriétaire des tuyaux sur ses chevaux, et jusqu'à quel autre point il est permis de l'abreuver de mépris ou d'injures, au cas où ces tuyaux vous coûtent des fortunes.

Entre les cracks et la foule, entre jockeys et pelousards, il existe une espèce de politesse d'où les gros mots ne sont pas toujours exclus d'ailleurs, notamment dans le second cas; mais enfin, l'on ne se joue des tours que jusqu'à une certaine limite, au delà de quoi rien ne va plus...

Pourquoi les mécontents se plaignent-ils toujours? Ils sont là qui soupirent : « La courtoisie a disparu, nous perdons toutes les traditions... » Certes, et c'est grand dommage. Mais quoi ! deux traditions perdues pour une retrouvée, voilà ce que l'on ne doit pas oublier. Nos grands-pères eussent remarqué, autrefois, un impertinent qui se fût trompé dans ses révérences. Or, nous nous fâchons à cette heure parce qu'un entraîneur impeccable ne se sera peut-être pas montré — et encore était-ce son droit — absolument régence et talon rouge en une circonstance très difficile pour lui. Que de raffinement ! Nous ne murmurons pas toujours « A vos souhaits ! », si notre prochain éternue. En revanche, nous ne lui crions pas « Bonne chance ! » quand son cheval va courir, afin de ne pas lui porter malheur : ce qui est une exquise politesse, et croyez bien qu'il l'apprécie.

POUR SE PROMENER AU BOIS LE MATIN

> *Promenons-nous dans les bois*
> *Pendant que le loup n'y est pas...*

Etc... Et l'on fredonne la vieille complainte, et l'on rêve, et déjà l'on imagine la clairière vert-pré parsemée de fleurettes toutes droites, la ronde enfantine, le loup tapi au loin derrière un fourré bien propre : un Boutet de Monvel.

Hélas ! le sujet que nous traitons ici ne sera pas si joli. Il s'agit, en effet, de se promener, non dans les bois, mais dans le Bois, où le loup est partout. Il prend toutes les formes, ce loup redoutable : ici gigolo ravissant, là-bas cavalier irrésistible, plus loin encore, vieux monsieur cousu d'or. Comment l'éviter ?

— Eh ! précisément en n'errant point le matin au Bois, répondra-t-on.

Mais de quelle manière passerait-on ses matinées, alors ? On vit, on existe avant le déjeuner. Il faut bien s'occuper, et, dès lors, on va écouter si les oiseaux chantent aux environs de la porte Dauphine. Que voudriez-vous que l'on fît ? Qu'on lût des bouquins, des romans ? Ce n'est pas très comme il faut, vous savez, la lecture. Qu'on écrivît des vers, comme la

marquise de Dieudedieu ou la princesse de Vaucou-
leurs Saint-Denis? Qu'on débrouillât sans fin des
réussites? Plaisirs de ronds-de-cuir... Qui sait, qu'on
travaillât peut-être?... Soyons sérieux, je vous prie.
La vie est la vie : le matin, on va au Bois, et voilà.
Service en campagne. Et pas d'observations !

Or, on peut s'y rendre de deux manières, à pied ou
à cheval.

Pour accomplir son tour du Bois à cheval, il y a
lieu de suivre paisiblement l'allée des Poteaux, de
faire au pas une fois ou deux — pas plus ! — l'allée
des Acacias, et de rentrer au galop de cirque par l'ave-
nue du Bois.

Naturellement, le service en campagne au Bois,
qu'il soit de cavalerie ou d'infanterie, exige une autre
tenue que le service de ville, expositions, thés ou visites.
Il veut aussi d'autres expressions de physionomie,
et même une âme appropriée, un caractère spécial
Nous allons signaler tout cela : revue d'équipement, et
théorie. Je veux que vous soyez instruits et prêts, fin
prêts pour l'inspection du maréchal Sem.

L'infanterie d'abord.

Elle comprend des hommes et des femmes. Celles-
ci se présenteront en costume tailleur : qu'il pleuve à
torrents ou qu'il fasse un soleil éclatant, il n'y a pas
d'autre toilette à porter. Quelques-unes, par les très
radieuses matinées d'été, croient pouvoir se montrer
en falbalas : c'est très pénible. Les hommes passeront

un veston. Ni jaquette, ni parapluie, ni ajustement de gala : un complet même légèrement rustique aura bonne façon.

La cavalerie, maintenant.

Elle sera de préférence montée sur des « hacks », ou chevaux uniquement destinés à la promenade, c'est-à-dire extrêmement élégants, mais tout à fait incapables de faire plus de deux kilomètres sans mourir épuisés par un si long effort. L'été, on tolère le joli cheval de polo, et parfois — mais pas tous les jours — un des puissants chevaux de chasse dont le cavalier comme il faut ne sait que faire d'avril à septembre : il en est encombré, et les sort un peu « pour épargner du travail au personnel ». Fuyez comme peste l'animal étique et coquet, à encolure exagérément rouée et à queue immense — le cheval de l'émir — dont les manèges ont la spécialité, ainsi que ce court bœuf gras insidieusement nommé « un bon petit cob » dans les mêmes établissements.

Que le cavalier ne soit pas romantique dans sa tenue — bottes vernies, gants blancs, culotte noire, œillet pâle à la boutonnière, etc., — non plus que miteux et délavé par les pluies, mais très simple, pas trop clair, et aussi frais que possible. Qu'il tâche surtout d'avoir des bottes, ces fameuses bottes qui amincissent miraculeusement la jambe, tout en rendant le pied massif et court, un pied de postillon. Vous n'ignorez pas que l'on ne met point des bottes pour monter à cheval, mais qu'au contraire l'on monte à cheval afin de mettre des bottes.

Nous souffrirons quelques très, très discrets écarts d'imagination chez l'amazone, notamment en ce qui concerne la couleur de son costume. Mais nous recommandons la plus grande prudence : le moindre excès vous a aussitôt un petit air « roman mondain de la rive gauche » ou « esthète en promenade », qu'il est douloureux de constater. Plus de ces chapeaux ronds à bords immenses, ils ne sont désormais possibles que dans les provinces les plus lointaines : mais un melon à petits bords, enfoncé jusqu'aux sourcils et aux oreilles, comme le pétase du dieu Mercure.

Quant à l'expression de la physionomie... Il y en a deux ou trois, au choix. L'une d'elles sera commune à la cavalerie et à l'infanterie; c'est un certain air glacial, sévère, fâché, furieux même au besoin, qui signifie : « Je parais au Bois, vous savez, mais ce n'est pas pour m'y promener. J'appartiens à un monde bien trop correct et inaccessible, et tant que je n'aurai rencontré personne digne de parler avec moi, passez au large, voyous et manants que j'excelle, comme vous voyez, à écarter par ma roideur britannique et distinguée. » En français courant, nous appelons ça tout bonnement « faire la tête », pour ne pas dire pis. Or, il n'y a rien d'aussi convenable.

Une autre attitude, également fort usitée par l'infanterie du bois de Boulogne, le matin, consiste à ricaner avec application, à affecter un air de malice active et sardonique, comme si l'on jugeait éperdument drôles les passants, les passantes, les voitures, les chevaux, les chiens, le gazon, les arbres, les chaises, les... tout enfin ! Attitude fort avantageuse. Donne à penser qu'on est doué d'un esprit infernal. Tout homme à succès ne peut se dispenser de prendre cet air-là.

Pour la cavalerie, il y a aussi la négligence. On est à cheval? Ah ! oui, c'est vrai, on n'y pensait plus... Très joli.

Hormis ces quelques visages réglementaires, aucun autre ne serait de mise. Veuillez vous conformer à l'ordonnance, et ainsi parés, allez vous promener — révérence parler — dans ces charmants bocages où l'auto soutient de son rugissement le chœur des oiseaux, tandis que le goudron empeste la feuillée.

◆

UN SIGNE, S. V. P.

C'est une simple question de protocole mondain : mais que n'est-elle résolue !

Hélas ! l'existence coulerait si commode, pour peu que toute circonstance s'y trouvât réglée par un protocole invariable ! Même dans les cas les plus troublants, l'on n'éprouverait nulle inquiétude. Ce serait fait des cris, des gestes incertains et des vains embarras. Par exemple, voudrait-on se livrer contre son prochain à des sévices importants ? L'on aurait aussitôt recours à des formules fixées une fois pour toutes, et qu'on saurait par cœur :

« — Pardon, monsieur, un scrupule, dont vous m'excuserez, m'oblige à vous offrir un soufflet. — J'aurai donc, monsieur, l'honneur de vous le rendre. Veuillez commencer, je vous prie. — Après vous. — Je n'en ferai rien. — Ce sera donc par obéissance. Voici, monsieur. — Monsieur, voilà. »

Mœurs de tout repos ! Au lieu de ces manières pratiques, nous n'avons que façons capricieuses et fantaisistes, voire anarchiques. Rien de plus fâcheux.

Ainsi, cette question du signe... Mais précisons.

Une jeune dame s'avance, au Bois, aux courses, au Salon. Elle est mise à ravir : robe d'un dessin net et hardi, jupe à peine tarabiscotée, corsage amusant, teintes franches, parfum assorti, et sur la tête un petit chapeau, ou plutôt un pétase délicieux. Ajoutons que, pour achever le tout, la jeune dame vous a cet air glacial et un tantinet revêche, sans lequel vous ne voudriez point qu'une personne comme il faut allât se risquer dans un endroit où il y a des gens que l'on ne connaît pas tous.

Néanmoins la jeune dame est vraiment exquise. Or, tandis que vous la regardez avec la plus déférente sympathie, voici que soudain vous la reconnaissez. Vous lui avez été présenté, un jour; peut-être avez-vous dîné à la même table; elle causait agréablement, et son mari vous a paru aimable. Bref, vous vous apprêtez à la saluer, non sans un empressement flatteur autant que discret : vous n'attendez pour cela que de rencontrer son regard...

Mais il s'agit bien de cela, en vérité ! Tête levée, visage sévère, avec l'air d'avoir bien d'autre souci que celui de vous remarquer, la jeune dame a passé devant vous, dédaigneuse et terrible !... Vous remettez alors dans votre poche, tout confus que vous êtes, la main que vous en aviez déjà presque tirée, et vous vous demandez tristement : « Qu'ai-je donc pu faire à cette dame pour qu'elle ne semble même pas me voir, quand elle me rencontre? »

Cependant la jeune dame est rentrée au logis, et dit à son mari, du ton le plus piqué :

« — A propos, j'ai rencontré Un Tel (Un Tel, c'est vous). Quel goujat ! Il a fait comme s'il ne me voyait pas, il ne m'a seulement pas saluée. »

Déjà le mari songe à des témoins.

La triste aventure !... Or, il suffit que vous soyez un peu timide, un peu susceptible, ou tout bonnement

que vous craigniez le ridicule dont on se couvre en
saluant le vide, alors que personne ne répond, ni près,
ni loin; il suffit qu'une fois, une seule fois, vous ayez
entrevu, ou simplement deviné le sourire amusé d'une
autre dame assistant par hasard à votre déconvenue;
il suffit du moindre incident antérieur enfin pour que
cette scène se soit, par la suite, trop souvent repro-
duite.

Si bien que, peu à peu, Paris se remplit pour vous
d'ennemies mystérieuses, qui vous criblent d'épigrammes, quand vous sortez d'un salon ou qu'elles
viennent de vous croiser à Longchamp.

— Mais qu'est-ce qu'Un Tel (c'est vous encore)
vous a donc fait? finit-on par leur demander.

— A moi? Eh! que voulez-vous que ce garçon
m'ait fait?... Seulement, c'est un individu très mal
élevé, voilà tout. Il salue tous les trente-six du mois.

Et pourtant, il ne s'en faudrait que d'un rien, et
toutes ces catastrophes seraient évitées : oui, un rien,
un regard, un dixième de geste ou un vingtième de
sourire, un petit signe, une marque infime d'attention, une attitude qui puisse au moins se traduire
par : « Bonjour, je vous ai vu, vous pouvez y aller
de votre salut. » Que les femmes aient donc la charité
de nous adresser ce minuscule signe-là : elles sauront
lui prêter toute la grâce voulue, et nous tireront le
plus souvent d'une angoisse cruelle. A elles d'établir
dorénavant, si elles y consentent, ce protocole délicat.

D'autant que si, certain jour, elles se trouvent en humeur de ne saluer personne, en goût de solitude ou de mélancolie, elles ne feront pas le signe, et nous comprendrons très bien. Elles n'auront même pas besoin de recourir au moyen dont on usait en de certains châteaux, sous Louis XVI; dans ces demeures charmantes, où l'on faisait assidûment la conversation, un hôte parfois se promenait dans le parc, en portant à la main une petite branche verte, et cela voulait dire : « Laissez-moi. Aujourd'hui, je ne saurais causer, car j'ai les vapeurs, et me plais à rêver. »

SAVEZ-VOUS VOYAGER ?

Fin juillet, départ général, voyage universel!...

Cependant, pardon, savez-vous voyager? C'est un art, et un art délicat. Tout le monde peut prendre le train, tout le monde peut quitter Paris : mais, ne « voyage » pas qui veut.

Et, tout d'abord, il faut en effet « voyager ». On ne dit pas : « Je m'en vais, je me sauve, je fuis Paris. »

Expressions mesquines, bourgeoises, qui trahissent piètrement leur fonctionnaire, aux manches de lustrine, ou leur commerçant chétif.

Évitez également de nommer immédiatement votre villégiature. « Je pars pour tel ou tel endroit » indique une précision hâtive, inutile. « Je pars *à* tel endroit » est d'ailleurs encore pire, allant contre la grammaire.

Mais — et quand même vous ne gagneriez que Le Pecq ou Chatou — vous vous devez de déclarer au contraire, d'un air négligent, indifférent : « Oui, je vais voyager un peu. » Il n'y a que Deauville, mais Deauville seulement, qui ne constitue pas un voyage. Quiconque s'y rend n'a qu'à prononcer simplement ces mots : « Je vais passer un soir ou deux là-bas. » On a compris, et c'est tout ce qu'il y a de plus comme il faut.

Il s'agit ensuite de choisir une malle, des valises, un sac. Rien de tout cela ne servira pour la première fois, si vous m'en croyez. Le beau spectacle, vraiment, qu'une personne de bon ton envahissant une gare ou un wagon à la tête de douze ou quinze colis tout flambant neufs ! Au contraire, que vos malles, sacs et valises aient de l'usage, et que cela se voie bien surtout, au premier coup d'œil. Certaines maisons élégantes se chargent de fournir aux clients des bagages qui, intacts et immaculés à l'intérieur, témoigneront en revanche, par leur extérieur culotté, fatigué, maculé, cabossé, des plus longues randonnées comme de traversées lointaines. Si vous le désirez, quelques étiquettes, moyennant un mince supplément de prix — étiquettes fort bien maquillées et habilement à demi arrachées — prouveront que ces bagages vénérables auront connu les Indes, en tout cas Venise, et notamment l'Écosse, en août, après les *grouses*.

La tenue, maintenant. Vous serez très corrects, s'il vous plaît, et même exceptionnellement soignés. Foin de ces costumes n° 2, ou 3, ou même 10, dont on s'affublait pour voyager au temps de M. Perrichon ! Non, les femmes revêtiront un « tailleur » sobre, toutefois exquis, et les hommes se plairont à exposer à tous les froissements du wagon certains pantalons dont le pli tombera comme un fil à plomb, certains vestons d'une coupe et d'une fraîcheur délicieuses. Ce n'est pas pratique, objectez-vous, l'on ne se trouve point à son aise ainsi? Puérilité. On voyage pour voyager, n'est-ce pas, et non pour s'amuser.

Habillés de la sorte, comment causerez-vous en chemin de fer? Mon Dieu, il y a deux grandes ressources, vous savez, deux grands sujets de conversation. D'abord, la température, les climats, le pays : ceux-ci sont agréables, très agréables, vraiment tout à fait agréables, ou bien moins agréables, voire pas agréables du tout. Avec cet adjectif-là, vous pouvez faire du chemin. Cet entretien épuisé, l'autre vous reste, à savoir les mariages, avec les commentaires touchant la fortune et les relations, puis les cousinages, les alliances et les parentés. Cela n'a l'air de rien, mais on fait tout un département avec un bon mariage bien scandaleux, ou bien contrarié.

Le département franchi, restent une province, ou deux, ou davantage. Alors, vous vous mettrez au bridge, si vous êtes en compagnie suffisante, ou bien vous vous installerez pour dormir, au cas où vous vous trouveriez seul parmi des inconnus.

La lecture, demandez-vous, les journaux, les livres? Peuh ! vous pouvez parcourir un bon journal, oui, ou un vague magazine, mais de loin, sans passion ni intérêt — cela ne se fait pas ! — et même d'un air imperceptiblement dégoûté. Quant à un livre, un roman, un bouquin... Évidemment, quelques personnes d'assez bonnes manières placent souvent un volume à côté d'elles : cela fait partie du *camping* mondain dans les compartiments de chemin de fer, et vous pourrez, à la rigueur, en faire autant. Cependant, n'allez pas lire, miséricorde ! On ne lit pas : on coupe quelques pages, de préférence avec le doigt, on se place, on se cale, comme pour une étude approfondie, on prend soudain un visage très grave, on jette les yeux sur quelques mots — et l'on s'endort profondément.

Il faut, vous dis-je, apprendre à voyager, ou ne pas s'en mêler.

QU'IL FAUT VIVRE AUX CHAMPS

C'est très simple. Il y a des gens qui ont le goût du martyre : ceux-là vivent à Paris. Puis, il y a les personnes épicuriennes et délicates : elles vivent aux champs.

Les ascètes qui ont le goût du martyre aiment à entendre toute la nuit des bruits aigres et maussades, comme les cris des autos et ceux des tramways. Ils se plaisent à se voir entourés de pierre noirâtre, dès qu'ils mettent le pied hors de chez eux. La vue des toits de cheminées les contente, l'odeur de la boue, des automobiles, de l'acétylène et des égouts leur murmure bien des choses. C'est un charme pour eux que d'avoir le teint blême et les yeux bouffis, d'engraisser, de gonfler plutôt, faute d'exercice, et de n'avoir aucune excuse pour manquer aux thés fastidieux ou aux dîners en ville, dont ils prévoient pourtant toute la tristesse...

Au lieu que les sybarites qui ne logent point dans Paris, voilà des voluptueux ! A eux les réveils délicieux. A eux les parfums. A eux les parterres, et la ferme, et la forêt prochaine ! A eux les mensonges innombrables et faciles.

Il faut d'ailleurs bien définir les mots dont on use. Quand je viens vous parler de vivre hors la ville, je n'entends pas que l'on aille à la campagne... Fi donc ! « A la campagne », ceci est du dernier bourgeois : l'on se rend « à la campagne » dans la quinzaine de Pâques, pour les vacances des enfants, comme on va « à la mer » en août-septembre. Et puis, « la campagne », toute l'année, cela vous a on ne sait quel air province : on pense à M. le chanoine, et à ces dames du bourg, qui ont les ongles mauves et les cheveux tirés.

Non, point de « campagne. » Il s'agit seulement de pouvoir dire avec un certain dandysme : « Moi, je vis aux champs. » Vous sentez, n'est-ce pas, comme c'est plus littéraire, plus joli? Vivre aux champs, cela signifie que l'on rentre chez soi en berline, par un chemin creux, le long d'une allée à ornières. Du porto vous attend, un grand feu l'hiver. Le lendemain, vous forcerez la loutre à pied, avec vos barbets, vous chasserez à courre, reviendrez bien las, et feuilletterez quelque vieux livre le soir, en écoutant le vent se plaindre aux volets clos. Vous aurez des faucons, des lévriers. L'été, vous pêcherez la truite, et surveillerez vos foins, en songeant à Virgile.

Cela signifie aussi que vous participez à cette existence romanesque des châtelains... « Aux champs », songez-y donc ! On s'exprimait ainsi sous l'ancien régime. Quiconque était las de la ville et de ses beaux hôtels, ou de la Cour et de ses soucis, gagnait les champs, c'est-à-dire les châteaux magnifiques, les domaines de Carabas, les charmilles, les vasques, les horizons bleuâtres. Alors, voici donc que ces images de luxe vous environnent désormais, du moment qu'à votre tour vous avez émigré aux champs. L'on vous imaginera confusément menant ce qu'on nomme la « vie de château » : entendez par là, chaque soir, le bal de Cendrillon, pour le moins. Tout cela est bien poétique.

Enfin, que de mensonges, et si aimables ! Quelqu'un parle devant vous de chevaux, de chiens? Eh bien, mais vous montez comme un centaure, vos meutes sont dignes de Diane farouche. Qui donc ira y voir? On parle d'art, du goût et des couleurs? L'homme des champs sourit supérieurement, habitué qu'il est aux plus fines émotions que donne la nature. Quelque importun vous a-t-il invité? Vous ne savez si vous pouvez venir, car, de la campagne, c'est si compliqué ! Votre amie commence-t-elle à vous lasser? Mille obstacles imprévus peuvent naître à votre gré de l'éloignement, et il deviendra de plus en plus difficile, comme par enchantement, d'accomplir les 45 minutes de trajet...

Car, bien entendu, « aux champs », c'est à 45 minutes de Paris : cela va de soi. L'on doit venir pour un oui, pour un non, il est galant de se trouver à Paris tous les jours... Par exemple, une dame vous a-t-elle souri?

« — Madame, je vous verrai demain, à tel lieu, à telle heure.

— Mais je croyais que vous habitiez très loin d'ici? Je vous imaginais sous l'aspect d'un fier hobereau, toujours en selle et fouaillant ses chiens.

— C'était pour vous séduire, mon enfant.

— Et vous venez si aisément?

— Je viendrai dorénavant.

— Allons donc !

— Pour mieux vous plaire encore, mon enfant... »

Sur quoi, le loup se jette sur le Chaperon rouge et le mange.

C'est cela, la vie aux champs. C'est délicieux.

✦

POUR SE BAIGNER

Eh bien, je vais tout d'abord vous dire une chose étrange, et qui ne me fera pas bien juger, à savoir ceci : pour se baigner, en somme, le mieux est de savoir nager.

Oui, c'est entendu, vous haussez les épaules. Savoir nager ! Dieu vous donne mes soucis !... Nul n'ignore qu'un homme élégant ne se baigne guère, dans la mer, s'entend; ou que, s'il le fait, ce n'est pour lui qu'une douche plus prolongée, une sorte de tub mieux rempli, tout bonnement, une baignoire un peu plus vaste, et moins propre d'ailleurs, où l'on se soutient sur l'eau en remuant les bras et les jambes. Mais de là à nager, il y a loin. Quant aux jolies femmes, elles s'en viennent montrer vers midi leurs académies dans l'eau, et ne songent à rien moins qu'à faire de la vitesse ou du demi-fond. Il n'y a pas ombre de sport nautique à Deauville, Dieppe, Dinard, etc., etc.

Allons donc, mais pour qui me prenez-vous? Pensez-vous donc, par hasard, que je vienne ici vous conseiller de savoir nager, et même très bien nager, dans une intention sportive ou utilitaire, comme par exemple afin de tenter la traversée de Paris, mêlé que vous seriez à trente concurrents peu comme il faut, ou pour vous sauver dans le naufrage d'un nouveau *Titanic?* Ah! fi donc! Mon conseil ne vise rien de tel, et si j'aimerais à vous persuader, ce n'est que pour aider, madame et monsieur, à votre coquetterie.

Si vous êtes un athlète en effet, monsieur, et si vous pouvez fournir un effort impressionnant, si de plus vous affrontez la vague lorsque celle-ci se trouve un peu noire, sourcilleuse et colère, qui sait les tendres cœurs dont vous saurez soudain devenir le héros? Les plages abondent en petites jeunes filles romanesques qui se disent en contemplant la mer orageuse où se débat un homme : « Dieu ! ce nageur !... Quelle audace ! C'est magnifique !... Je n'aurai pas d'autre époux. » Or, parmi ces petites demoiselles à imagination vive, il en est de millionnaires, y songez-vous bien?... Je sens que vous me comprenez.

Et vous, madame, pauvre madame, si vous pataugez humblement, ou si, plus ridicule encore, vous vous contentez de faire « trempi-trempa », pensez-vous bien que vous voici vouée aux malheureux costumes à jupe et à garnitures plus ou moins heureuses? Vous aurez beau mettre avec cela les plus coquets chapeaux de paille, et votre costume sera vainement en taffetas le plus précieux comme de la teinte la plus rare, il n'en aura pas moins un jupon, hélas !...

Autant en revenir, alors, à l'affublement de la duchesse de Berry et de ses compagnes, alors qu'elles se baignaient à Dieppe, sous Charles X. Ces dames — la fleur de la cour ! — portaient de grands pantalons en lainage noir, de non moins grandes tuniques de même étoffe qui leur tombaient presque jusqu'aux pieds, et des serre-tête en toile cirée. Il est vrai qu'au premier bain de la duchesse, le maire de Dieppe, en habit de cérémonie, lui offrait la main et la conduisait solennellement jusqu'à la mer, où il lui fallait mouiller ses souliers vernis. Mais tout de même, que devait-il rester d'une jolie femme, ainsi accoutrée?

Au lieu que si vous savez vous jouer avec grâce parmi les vagues, vous pourrez arborer le maillot, d'une seule pièce, court et archi-collant, le maillot de sirène... Eh bien, cela ne vaut-il point la peine de travailler assidûment la natation durant quelques mois à la piscine? N'en serez-vous pas bien récompensée? Ne sera-ce donc rien que de voir deux cents lorgnettes et trois cents kodaks éperdument braqués sur vous, quand vous irez à l'eau?

Vous aurez soin toutefois d'observer quelques règles de civilité nautique.

Par exemple, côté des hommes : n'entrez pas au bain en courant comme un possédé, bousculant les uns, éclaboussant les autres, et ne vous précipitez pas dans l'eau à la manière d'un chien fou, pour en ressortir aussitôt soufflant à grand bruit... Quel genre !

Évitez également, si vous piquez une tête, de plonger au milieu d'un rassemblement de nageurs, ou sur le dos d'autrui. Pareillement, en nageant, ne vous ébrouez pas terriblement, ne rejetez pas l'eau par la bouche et les narines, en vrai triton, notamment dans la figure de votre voisin, et évitez, tout en tirant votre coupe, d'arriver sur votre prochain à toute allure, ainsi qu'un auto-canot marchant à l'aveuglette. Non, mais agissez discrètement en tout ceci : un nageur élégant ne doit commencer à se faire remarquer, par la beauté, la puissance et le rythme de son geste, qu'à cinquante mètres au moins du bord. A cent mètres, on n'aperçoit plus que lui. Lorsqu'on le perd de vue, il est sublime. Quand il apparaît de nouveau, il est divin.

S'il arrive que l'on se baigne avec une dame dont on est amoureux, nous recommanderons d'exagérer encore la douceur des mouvements : tâchez de nager comme une feuille qui glisse au fil de l'eau. Vous pourrez, loin du bord, risquer certaines privautés. Méfiez-vous cependant des lorgnettes, vous savez qu'on voit très bien.

Côté des dames, maintenant.

Pas d'histoires pour l'entrée, voulez-vous ? Pas de chichis, pas de trop longues conversations avant de quitter le peignoir, pour laisser aux curieux le temps d'arriver. C'est prétentieux, et un peu vulgaire. Puis, le peignoir ôté, oh ! de grâce, épargnez-nous ces petits cris d'oiseaux, ces frissons exagérés, ces : « Oh ! que c'est froid !... », et ces rires nerveux qui atteignent et dépassent le comble du ridicule.

Arrivez lentement au contraire, ôtez votre peignoir sans hâte ni complaisance, présentez-vous, bien droite et bien souriante, à l'admiration générale; puis allez, toujours en souriant, vers la mer, abandonnez-vous aux flots sans mot dire, et nagez posément, longuement, si possible, sans trop craindre de vous mouiller le nez; un joli bonnet, bien enfoncé, vous protégera tous les cheveux, que risquez-vous?

Après quoi, lorsque vous serez fatiguée, choisissez de loin l'endroit où il y a le plus de monde sur la rive, et revenez. C'est le moment émouvant de la sortie. Vous l'accomplirez paisiblement. Vous émergerez des vagues, non moins droite et souriante qu'à l'entrée, moulée, et que dis-je? radieusement nue sous votre maillot collé par l'eau qui ruisselle : la naissance d'Aphrodite !... Plaît-il? Que craignez-vous?... Allons donc !... Les ceintures élastiques et les fins « soutiens-gorge » sont-ils faits pour les chiens?

Voilà, madame, ce qui s'appelle se baigner avec grâce.

✦

POUR CHASSER

Mais d'abord, oh! d'abord, si vous n'êtes pas le comte Clary en personne, si vous n'êtes pas un fusil célèbre, devant qui toute pièce qui se lève ou s'envole est une pièce morte; si cinquante châteaux et cent propriétaires de tirés illustres ne font pas l'impossible pour vous avoir au moins pendant une journée; si plusieurs magazines n'ont pas déjà publié votre portrait, tandis que vous étiez en train d'abattre des lièvres avec l'empereur d'Autriche, ou des grouses avec le roi d'Angleterre; ou encore si vous ne possédez pas vous-même des domaines tellement immenses et giboyeux que vos invités doivent tout vous passer; enfin, si vous n'êtes ni l'une de nos illustrations cynégétiques, dûment reconnues et classées, ni l'un de nos milliardaires barons de Karabas, — eh bien, dans ce cas, commencez, de grâce, par ne pas vous présenter tout habillé de neuf dans les chasses auxquelles on vous aura convié.

Y a-t-il rien de plus fâcheux en effet, de plus « province », ou plutôt de plus « parisien », que d'arriver tout équipé de frais, grosses bottines neuves, complet neuf, chapeau neuf, fusil neuf? Cela ne se fait point. Sans doute faut-il bien renouveler sa garde-robe, sous peine de porter à la fin de vrais costumes de chemineaux; mais ayez grand soin — et notamment au cours du premier mois de chasse — que la moitié au moins de votre ajustement soit notamment fatiguée, bronzée par le soleil, culottée par la pluie. Ayez un complet flambant neuf, s'il le faut, mais des chaussures qui aient déjà vu l'eau, et une pèlerine convenablement délavée. Un fusil vierge, mais un chapeau ruiné par les intempéries, etc.; bref, avant tout autre conseil, n'ayez pas l'air d'un conscrit de septembre.

Inutile, d'autre part, de vous déguiser en Tartarin. Entre une journée de chasse et la campagne turco-bulgare, il y a tout de même une différence. On voit chaque samedi soir, dans les gares, une extraordinaire quantité de braves citadins à figures pâles et le plus souvent bouffies, qui s'emparent des wagons, où ils vont fumer, cracher et parler très haut, sous prétexte qu'ils sont de rudes nemrods partant pour la chasse, sacrebleu ! Tous ces boutiquiers farouches et ces sauvages comptables sont bardés de cuir, garnis du haut en bas de toiles imperméables, de vestons à faire peur aux gens, de bottes de sept lieues et de chapeaux terriblement boers. Signe particulier : leur carnier ne sera plein, le dimanche soir, que de paquets divers, mais non de gibier.

En réalité, tous ces croque-mitaines sont ridicules. Regardez donc, en revanche, un bon chasseur des champs partir pour tirer des perdreaux. De braves guêtres bien simples, un vieux costume, un honnête caoutchouc, s'il pleut ; avec cela, un chien bien soigné, bien dressé — et le soir, un carnier bourré de poil ou de plume. A la bonne heure !... Et le braconnier : sa tenue est encore plus simple — voulez-vous qu'il se fasse remarquer ? — et son carnier également plus lourd. Son casier judiciaire aussi.

Aux dames pareillement, un sévère conseiller pourrait recommander de ne point se travestir non plus, autant que possible, en « bandites » d'opéra-comique, en *cow'girls* de féerie, ni en mousquetaires de mardi gras, pour aller viser d'humbles lièvres et de paisibles poules faisanes. Cependant, en ce qui nous concerne, nous les engagerons, bien au contraire, à la plus extravagante fantaisie vestimentaire, et nous allons même prier les femmes de ne pas craindre les tenues les plus

curieusement pittoresques et couleur locale : jupes
courtes, très courtes, jupes fendues, étoffes bourrues
ou à carreaux prodigieux, feutres de toutes sortes,
bottes étonnantes, rien de tout cela, chez elles, ne
nous effraiera. Il faut bien se mettre en tête qu'une
femme à la chasse — à moins de rares exceptions —
fait plus de bruit que de besogne, et cause plus de
ravages parmi les assistants que parmi le gibier. Alors,
plus elle semblera drôlement et bizarrement vêtue,
plus elle nous aura fait du moins passer quelques jolis
instants, avant et après les battues.

Deux avis particuliers, à présent. Pour les hommes,
d'abord : les histoires de chasse... Mon Dieu, nous
vous dirions bien : n'en racontez pas du tout. Mais
c'est impossible, et à quoi bon demander des absurdi-
tés? Alors, nous vous supplierons seulement de les
conter en tout cas clairement, de supprimer les di-
gressions fades et le récit de vos réflexions intérieures,
les : « A ce moment-là, j'ai pensé... », ou bien les :
« Moi, là-dessus, je me dis... » etc. Pas trop de pantomime non plus, ni d'harmonies imitatives, chien qui
aboie, coup de fusil qui part, et autres bruits. Ne
répétez pas sans trêve : « Vous pouvez demandez à
Un Tel, qui était là. » Et puis, tâchez que cela ne se
soit pas passé ni aux tropiques, ni en d'autres pays
trop éloignés de Paris : cela indispose. Enfin, évitez de
rire à grand bruit, et le premier, si l'anecdote veut être
plaisante, et fuyez aussi les aventures héroïques, où

vous auriez joué un rôle exagérément avantageux : prétendez-vous offenser tout le monde? Craignez que l'on ne vous réponde ainsi qu'un auditeur exaspéré fit à Marius contant ses massacres de lions : « Si tu en tues encore un, je te f... mon pied quelque part ! »

Pour les dames, maintenant. Quand une dame aimable aura envoyé du plomb à un voisin, deux cas se présenteront. Ou bien le voisin sera tué : qu'elle ne croie pas alors devoir prendre le deuil, ce serait trop. Un costume tailleur un peu foncé, et une certaine affliction peinte sur le visage, suffiront amplement. Si le voisin n'est que blessé, passer le lendemain prendre des nouvelles; puis, au jour de l'An, envoyer un petit souvenir, bibelot, sac de bonbons. Il n'en faut point davantage. De grâce, nulle affectation, il n'y a rien d'aussi mauvais goût.

◆

POUR ÉCOUTER LES HISTOIRES DE CHASSE

On prétend que les Français n'ont pas le génie épique. Admettons que nos poètes n'en usent guère : mais le goût de l'épopée se trouve au contraire profondément enraciné dans l'âme de nos compatriotes. Nous n'en voulons pour preuve que la crise des histoires de chasse, crise qui sévit dès septembre, et dure près de cinq mois.

Dès que les premiers perdreaux commencent à joncher la plaine, il n'est si pacifique rural ou chétif rond-de-cuir qui, certes, ne sente tressaillir en lui ce sublime génie épique, dont on voudrait si injustement priver notre race ! Voici venir les temps où, dès cinq ou six heures, c'est l'instant d'allumer la lampe. On rentre alors des champs, tout fourbu et crotté. Le fusil posé et la pipe allumée, ou le smoking revêtu, selon les cas, on ira s'installer non loin de la cheminée où flambe un petit feu léger d'automne : et chacun aussitôt de conter ses exploits, chacun d'entonner sa chanson de geste !

Il est de ces récits qui veulent nous faire rire, d'autres qui visent à nous faire peur. Ceux-ci évoqueront les terres lointaines, la jungle fabuleuse ou les steppes glacés ; ceux-là nous ramèneront plus modestement dans la Seine-et-Oise ou la paisible Normandie. Certains nous conduiront obstinément en Écosse, et de là redescendront sans faute en Sologne. Mais tous, tous, donneront lieu aux mêmes pantomimes, aux mêmes onomatopées — coups de fusil, gibier qui s'envole, imitation du chien qui quête, etc... — et tous aussi révéleront chez le narrateur une extraordinaire présence d'esprit, ainsi qu'une intelligence peu commune, unies à la plus éclatante bravoure : à moins encore que les héros de ces récits étonnants ne soient présentés comme les camarades familiers de ceux qui les racontent... Les vieux aèdes, du moins, ne se faisaient point passer pour les intimes de Philoctète aux flèches inévitables ou du farouche veneur Hippolyte : mais nous sommes plus entreprenants.

Or, il faut bien avouer que ces récits épiques sont une peste et un fléau. L'histoire de chasse que chacun de nous se propose de raconter, oh ! à la bonne heure !... elle offre un attrait charmant et savoureux, voilà qui ne fait point de doute. En revanche, y a-t-il rien de morne, d'insipide à l'égal des aventures d'autrui? On bout d'impatience, on sait une anecdote ravissante, *et qui est arrivée...* et les autres sont là qui parlent, parlent, intarissables ! C'est consternant ! Au prochain silence, « ils » entendront la nôtre, et « ils » verront ça !...

En vérité, il appartient aux maîtresses de maison, qui reçoivent des chasseurs à leurs tables ou dans leurs salons, de mettre un terme à ces fâcheuses orgies de narrations cynégétiques, Or, comment donc s'y prendre? L'on ne saurait dire aux gens, et surtout à des hôtes : « Assez, je vous en prie, taisez-vous ! »

Non, évidemment. Toutefois, si l'on ne peut imposer le silence aux conteurs d'exploits, il est du moins permis de l'obtenir d'eux sournoisement et peu à peu, en écoutant d'une certaine façon les histoires où ceux-ci se complaisent. On ne coupe assurément pas la parole au terrible tombeur de faisans dans l'exposé de ses actions d'éclat ; mais on le détourne, ainsi qu'un picador fait du taureau, et on l'attriste tout doucement. Alors, petit à petit, il se décourage et ne souffle plus mot.

Pour en venir là, commencez donc, mesdames, par ne poser au bavard aucune espèce de question. Il les attend, vos questions, il les quête du regard. Brûleriez-vous de curiosité, qu'il faut s'interdire la moindre interrogation. Sinon, il en profiterait et feindrait de vouloir vous faire plaisir en devenant plus prolixe encore.

Puis, tout en demeurant poliment recueillie, ne regardez point votre discoureur, tandis qu'il parle : il finira par se troubler. Un grand chagrin emplira son âme à la pensée que, malgré ses hauts faits, vous ne l'admirez point, puisque vous restez là, les yeux distraits et fixés ailleurs, il ne sait où, il ne peut comprendre où.

S'il cite — il n'y faillira point ! — quelque grand personnage, au cours de son anecdote, faites comme si cette citation ne vous rappelait absolument rien. Ignorez résolument aussi les pays qu'il énumérera : écorchez-en les noms ensuite. S'il s'agit de noms anglais, efforcez-vous de les prononcer mal — si vous l'osez !

Vous déclare-t-il : « J'ai tué dix sangliers colossaux,

vingt lions, trente tigres? » Ne bronchez pas. Ni sourire, qui serait impertinent, ni témoignage d'étonnement. Rien. Une impitoyable sérénité. Vous ne savez même pas si ça mord, un lion, ou si ça rue, un tigre.

Enfin, glissez nonchalamment dans la conversation : « J'attends avec impatience le mois de février, pour voir s'ouvrir la grande saison des conférences. D'ici là, vraiment, on ne sait que faire... » Alors, la mélancolie et le mépris se partageront le cœur de votre hôte, et ce sera fait de son éloquence.

Il est vrai qu'un autre se trouvera là, tout prêt, avec vingt histoires en réserve... Eh bien, vous recommencerez, voilà tout. Une bonne hôtesse ne doit point regarder à sa peine.

✦

POUR ÉCRIRE DES LETTRES

Vous aurez beau avoir le téléphone dans toutes les pièces de votre logis, vous aurez beau ne plus même posséder une plume ou un encrier chez vous, il n'importe, un moment viendra tôt ou tard où vous devrez écrire des lettres.

Ce ne sera point durant l'été. L'on n'écrit pas — ce qui s'appelle écrire — pendant l'août, ni quand on est en voyage. On a mille excellentes excuses : le tango, les excursions, les malles à faire et à défaire, les installations, le golf, le polo, les courses, etc. On a surtout les cartes postales : deux mots sur une jolie vue de paysage, et allez donc ! Cela suffit bien. Le plaisir de recevoir la pluie des cartes postales semble doux et bienfaisant ; c'est une gentille pluie d'été, qui arrose délicatement les champs de l'amitié, et l'on peut se dire en regardant chacun de ces petits bouts de carton que tout ça ne vaut pas le lieu où l'on est, celui où l'on ira, et celui d'où l'on revient. L'on se dit cela fièrement, dédaigneusement — pour se consoler de n'être pas ailleurs.

Mais après l'été vient l'automne, et si vous ne rentrez point alors à Paris, si vous menez, je suppose, la « vie de château », alors point de rémission : coûte que coûte, il vous faut écrire. Que la maison où vous regardez tomber les feuilles mortes soit en effet chétive, obscure, et ne porte pas le titre de château, et vous pourrez en ce cas continuer l'aimable jeu des « bon souvenir » ou des « que n'êtes-vous là ! » sur les cartes postales : il y a toujours une « chaumière », un arbre, une « silhouette de vieux paysan » à photographier dans un pays. Mais qu'au contraire vous habitiez chez les La Roche-Pouilloux, au château historique de Tour-Qui-Pleure, en Sologne ou en Poitou, aurez-vous donc le courage de négliger ce beau papier à lettres dont on aura garni la table de votre chambre, un papier si émouvant, qui portera au coin, en caractères profondément gravés, le nom délectable de cette résidence historique? Non, vous ne commettrez pas cette action qui serait monstrueuse : laisser perdre un papier témoignant, d'une manière irrécusable, de votre passage, ne fût-ce que pour deux jours, à Tour-Qui-Pleure, chez les La Roche-Pouilloux ! Dussiez-vous les couvrir de niaiseries, il faudra que ces troublantes feuilles de papier à lettres s'envolent dans toutes les directions, aux quatre vents du ciel: et ainsi feront-elles, ou vous direz pourquoi.

Cependant il n'est pas absolument indispensable que ces feuilles nous arrivent, à vrai dire, couvertes de niaiseries. On peut, si dépourvu soit-on, composer néanmoins des lettres assez agréables, et cela ne va pas sans grâce. Vos correspondants se confieront l'un à l'autre : « Eh bien, mais quand il écrit, il vous tourne ça... » Ou bien : « Elle vous trousse des petites lettres, vous savez... » Et de la part d'un homme ou d'une femme du monde, il n'y a pas de plus grand hommage intellectuel. En adressant ponctuellement, chaque automne, à tous vos amis des petits mots pas trop imbéciles sur du papier à en-têtes de château, vous finirez par gagner une certaine réputation genre XVIIIe siècle. On vous attribuera de l'esprit, ce qui vous servira beaucoup par la suite, car la moindre bourde qui vous échappera dès lors prendra des airs de malice tout à fait diabolique : c'est bien commode.

Comment rédiger des petits mots pas trop imbéciles? Mon Dieu, prenez d'abord quelques précautions élémentaires. Par exemple, vous éviterez :

1º D'écrire dès le début de votre lettre : « Vous devez croire que je suis mort », ou autre formule analogue, destinée à expliquer un trop long silence. D'autant que vos excuses sont généralement contenues dans ces mots : « J'ai eu tant à faire... travail... déplacements d'été... » etc... On n'en croit pas un mot. Phrases insipides, et d'ailleurs perdues.

2º De gronder votre correspondant sur ce que lui-même vous aura laissé sans nouvelles. Ne croyez pas lui témoigner ainsi cette sollicitude affectueusement bourrue, qui est le propre de l'amitié. Songez que dans toutes les lettres qu'on reçoit se trouvent les mêmes reproches, presque dans les mêmes termes. On ne les remarque même plus.

3º Ne donnez sur votre santé que des détails très courts : une ligne, au maximum. Votre correspondant ne s'en soucie pas tant que vous croyez.

4º Même observation pour les renseignements météorologiques touchant la pluie et le beau temps, la pluie ou le vent : une ligne.

5º Ne vous croyez pas forcé de mettre dès le début : « Je vous écris précipitamment, j'ai à peine le temps », ou bien la mention : « En hâte ! »... On le verra bien.

6° Pas de descriptions du pays, ou que du moins elles soient excessivement courtes. Rien de plus difficile que de décrire quoi que ce soit. Et si vous saviez comme on se f... des paysages !

Mais alors, dira-t-on, quoi donc écrire?

C'est bien simple, parlez des gens chez qui vous êtes, ou qui vous entourent, ou que vous rencontrez, ou qui passent, parlez d'autrui. Car autrui, en somme, ne s'intéresse vraiment qu'à autrui. Commencez tout de suite votre lettre, après une petite phrase amicale qui souhaite le bonjour, le bonheur, la bonne santé ou le bon amour. Déclarez avec simplicité : « A Tour-Qui-Pleure, où me voici, j'ai retrouvé... » Suivent les hôtes qui sont là en même temps que vous. Ou bien énumérer les personnes originales ou notoires du pays.

Décrivez — sans insister, sur un ton calme et froid, vous n'en aurez l'air que plus spirituel — les ridicules, les toilettes, les façons de s'exprimer ou de danser le tango. Narrez les mariages imbéciles ou scandaleux, les divorces ou les annulations en cour de Rome. Détaillez les distractions du pays, racontez par le menu la vie de château, ses contraintes et ses plaisirs. S'il y a de bons petits potins dans l'air, envoyez-les tout vifs, tout frais, tout chauds. Et mêlez à ces bavardages quelques réflexions morales aussi pince-sans-rire que possible, mais surtout fort brèves... Vos deux, trois, cinq ou huit pages remplies, terminez subitement par un élan de cordiale tendresse, et signez.

Celui qui recevra de telles lettres, s'écriera : « Quelle rosse ! » Mais il s'attendrira sur votre vive intelligence et votre esprit. Il aura un peu peur de vous, et vous répondra au plus vite : et c'est un ami qui mijote, pour cet hiver.

Un dernier mot : vous savez que la grande écriture, modèle Louis XIV, usitée ces derniers temps, est aussi démodée que les pattes de mouches Second Empire. Si vos lettres ne sont pas écrites en petits caractères droits et fermes, autant ne pas les envoyer : cette année, l'on n'a aucun esprit en caractères penchés.

III. — CHOIX DE MÉDITATIONS

POUR

LES QUATRE SAISONS

TROP DE PERLES

Comment, madame?... De quoi parlez-vous?...
D'une perle? De perles? D'un collier de perles?...

Grands dieux ! encore, toujours des perles !

Mais vous n'en avez donc pas la vue offensée, le
goût affadi et les oreilles rebattues ?... Mais Paris
n'est plein que de ces petits grains de nacre et
de ces pépins d'huîtres, mais il en luit, il en traîne,
il en passe et repasse dans la rue, dans les thés, en soirée, au restaurant, à la crémerie, au Bois, au bal,
partout ! Allez-vous au théâtre? Vous les entendez
bruire dans les loges. Au balcon, à l'orchestre, vous
les draineriez au filet par milliers. Dans les coulisses,
monsieur, quelque chose roule sous votre pied ; vous
vous penchez pour voir ce qu'il en est : bon, une
perle ! Vous fouillez dans votre gousset, vous en tirez
un rien, vous l'offrez : une autre perle...

Ah ! trop, trop de perles !

Et l'on n'en est pas écœuré, à la longue?... Quoi !

des centaines et des centaines de ces fleurs sans pétales bourgeonnent sur les doigts délicats des femmes, éclosent en diadèmes ou en aigrettes dans leurs cheveux, tiédissent sous leurs fourrures, s'enroulent à leurs poignets, à leurs cous, les parsèment comme des gouttes de rosée, retombent jusqu'à leurs ceintures en rivières, en cascades, en cataractes, coulent à grands flots sur leurs corsages, et ce n'est pas tout, car la pluie des perles n'épargne personne : regardez, en effet, votre voisine, Jenny l'Ouvrière ou Mimi Pinson, la voilà qui ruisselle également, elle porte les mêmes bagues, les mêmes broches, les mêmes peignes, les mêmes chaînes, et ses verroteries sont fausses sans doute, mais ce sont néanmoins des images, des fantômes de perles, un mirage des Mille et une Nuits, un rêve d'Orient — d'un orient moins pur, voilà tout.

Et voyez la voisine de votre voisine, et la troisième qui trotte là-bas, et cette quatrième qui sourit, et cette autre plus loin, et cette autre encore... Toutes, toutes marchent en faisant tintinnabuler rangs ou gorgerins, pendentifs ou guirlandes, câbles ou simples fils. Ce n'est plus seulement la pluie, mais bien l'averse et la grêle des perles.

Personne pourtant ne crie : « Sauve qui peut ! » On reste là, sous l'orage. Les grêlons sont les bienvenus : plus les dames en reçoivent, plus elles semblent heureuses. Et non seulement elles se laissent étouffer sous les bijoux universels et obligatoires avec une complaisance inépuisable, mais encore elles ne se fatiguent même pas de s'en occuper, d'en parler. Que demain vous assistiez à un mariage, et vous entendrez murmurer dans toute l'église :

— La mariée est jolie. Vous avez vu le collier?

— Oui. Cela va dans les treize mille.

— C'est tout ce qu'il faut pour un jeune ménage.

Et si l'on veut, signalant une dame, indiquer qu'elle est de bonne apparence, que dira-t-on, sinon : « Une femme distinguée, bien vêtue, l'air comme il faut, collier de perles... »

Et dans le trouble momentané où le plus banal incident peut avoir jeté quelque jolie et sensible personne, comment dépeindra-t-elle son émoi?

— Mon cher, fera-t-elle, j'en ai perdu mon collier de perles !

Voici trente ou cinquante années, la même se fût peut-être écriée avec indignation que des hommes rapaces ou d'affreux malandrins lui eussent arraché, si elle ne se fût rebiffée, le pain de la bouche. Aujourd'hui, ce sera le collier du cou.

Bien mieux encore, on raffine, on va, par crainte de perdre un si beau sujet d'entretien, jusqu'à exhumer les plus surannés et antiques prétextes à discussion : il y a plus d'un siècle, la cour et la ville palabraient à propos d'une affaire illustre de collier. Ne vient-on pas de la rééditer, présentement?

Convenons-en, nous vivons sous la tyrannie caressante des perles. Et les syndicalistes eux-mêmes en ont conscience, quand ils disent d'une grève particulièrement douce, inévitable et ingénieuse, que c'est une grève perlée : les mots sont des êtres vivants, qui ne naissent point sans cause.

Seulement, ce qui étonne, c'est l'étrange patience, la soumission tolérante, la pacifique et modeste sagesse des femmes. Comme on les calomnie, pourtant ! On les tient pour frivoles, capricieuses, voire agitées, amies du changement, sujettes à adopter fébrilement les modes les plus opposées; des malveillants se risquent même à prétendre que cette inquiétude d'esprit et que cette versatilité du goût pousseraient parfois nos compagnes à se permettre des libertés touchant certaines traditions : elles en prendraient à leur aise quant à l'heure des repas, quant aux saintes visites du jour de l'an, quant aux toilettes convenant à telles ou telles circonstances, quant au respect dû aux ancêtres et aux plus vénérables façons de vivre... Quelle exagération, quel mensonge !

Ne choisissons qu'un exemple, et observez à quel point les femmes se résolvent paisiblement, au contraire, à révérer sans fin la même coutume. Nous jouions encore aux billes quand l'usage s'établit d'offrir à nos grandes sœurs, lors de leur mariage, un collier de perles. Bientôt, cela ne se discuta même plus : en même temps qu'une alliance et que le titre de « Madame », les chères petites recevaient, on dirait presque touchaient, le joyau uniforme. On déclarait : « Eh bien, Maud Une Telle se marie. » Et l'interlocuteur répondait avec simplicité : « Est-ce qu'il est à un rang ? »

Après la robe demi-longue et la permission d'user de la houpette ou de se coiffer plus flou, les petites demoiselles ne songeaient tout naturellement qu'au collier symbolique et sacré. A qui lui eût demandé ce qu'elle voulait, la fillette eût répliqué : « De la poudre et des perles. »

Or, voilà trente ans peut-être que fut instauré ce règne absolu et incontesté de Sa Majesté le collier, et il dure encore ! Et il est plus florissant que jamais ! Et son empire s'étend ! Et lorsque le port de l'alliance au doigt tombe lui-même en désuétude, celui de l'alliance au cou devient de plus en plus indispensable ! Oseriez-vous sortir, madame, sans cette preuve de respectabilité ?...

Ah ! trop de perles dans Paris, décidément, trop de perles !... Nous demandons qu'on nous les épargne, et que les femmes adoptent enfin une autre mode. En échange de ces mille milliards de perles, nous sommes quelques mauvais esprits qui préférerions un seul et ravissant tout petit grain de mil.

LA CROIX DES TÉMOINS

Grâce au ciel, notre pays ne manque pas de décorations. Toutefois, parmi tant d'autres, un ordre nous manque : aucune croix, aucune médaille, pas même le moindre parchemin ne distingue celui qui a servi, comme un fidèle et bon témoin, dans plusieurs affaires d'honneur. C'est là une grave lacune et une grande injustice. Il nous suffira certainement de les signaler à M. le Président du Conseil qui s'empressera d'y remédier.

Se trouvera-t-il, d'aventure, quelqu'un pour sourire d'une requête si légitime, si raisonnable? Ah ! nous voudrions convaincre cet incrédule, le prendre par la main, le faire assister, minute par minute, à toutes les angoisses qui assaillent un témoin plein de scrupules et surchargé de responsabilité; nous aimerions à voir ce sceptique couvrir, tant à pied qu'en taxi, les kilomètres nécessités par les courses innombrables qu'impose la moindre affaire un peu délicate; et nous ironiserions peut-être à notre tour — si l'on veut bien nous passer ce néologisme — en contemplant le malheureux alors qu'il se tiendrait la tête, accablé, rendu, recru de fatigue pour avoir combattu contre les témoins adverses, enduré leurs ruses, leurs embûches, leur éloquence; lutté contre les mots eux-mêmes de la langue française qui se cachent et se dérobent dès qu'on les cherche pour rédiger le procès-verbal; contre l'irritation qui vous gagne ou l'attendrissement qui vous envahit; contre les exigences du client — ou, pour parler avec moins de simplicité, du « mandant » — contre la peine qu'on lui fera si l'on concilie, l'énervement où on le jettera si l'on retarde la conclusion, les craintes qu'il vous causera s'il se bat; contre la longueur des écritures, et les inexactitudes dans les journaux; contre le vent ou la pluie qu'il fait dehors, l'envie qu'on avait de rester chez soi, les rendez-vous importants ou délicieux qu'on a dû remettre...

Ah ! comme il ferait bon constater alors la migraine ou la déroute du railleur qui traitait légèrement les témoins, leurs longs travaux, et leur droit incontestable à la reconnaissance publique !

On serait tenté de dire : « C'est fini, je ne serai plus, de ma vie, le témoin de personne; et l'on ne me verra plus sur le pré que l'épée à la main, pour me battre moi-même, pour mon seul plaisir enfin... »

Serments de poète !... Et d'ailleurs, comment résister? Lors du début, le rôle de témoin n'est que fleurs et douceurs, effusions, émotion charmante. Un ami vous demande au téléphone. Rien qu'à son ton cordial et confiant, en même temps qu'exagérément paisible et même un peu jovial — certaine jovialité de convenance, au commencement d'une affaire d'honneur, ainsi qu'à l'arrivée sur le terrain, est conforme à la tradition et de simple politesse, — rien qu'à ces menus indices donc, vous avez deviné de quoi il s'agit, et déjà vous refusez...

Mais le pourriez-vous longtemps? Écoutez votre ami, dans le téléphone : voici maintenant qu'il rappelle une camaraderie chère et ancienne; il évoque au besoin des souvenirs de collège, ou bien d'anciennes affaires où lui-même vous a secondé, voire des circonstances fortuites, une saison de chasse dans la campagne romaine, l'une de ces rivalités amoureuses après lesquelles on demeure lié pour la vie, que sais-je?... Il jure enfin qu'il n'a confiance qu'en vous, que tout est perdu si vous ne vous en mêlez... L'affection vous a bientôt persuadé. C'en est fait, vous voilà embauché : en route, soldat ! Pendant deux, quatre ou six jours, une semaine parfois, vous renoncez à vivre pour vous-même. Les hostilités sont ouvertes, et vous allez mener la dure existence du témoin en campagne.

Il va vous falloir entendre des récits que vous savez à l'avance incohérents et contradictoires, en tout cas contestés; courir de tous côtés pour récupérer d'anciennes lettres, de vieux documents; investir les journaux afin d'y rechercher les échos tendancieux ou les récits fantaisistes; affronter, comme adversaires, soit de vieux témoins aguerris, blanchis dans la carrière et fertiles en ressources, soit de pauvres malheureux dont on rougit de tirer si aisément des rétractations éperdues, soit d'odieux personnages solennels que l'on ne pourra absolument pas gifler avant la conclusion des pourparlers, soit — pis encore ! — des Brid'oison, pour qui le bon sens ne compte pas, quand la forme a dit « non ».

Vous aurez besoin de vous faire violence et de soupçonner quiconque, aussi bien le tranche-montagne qui s'écrie d'abord : « Tout ou rien », que le redoutable brave homme enclin à déclarer rondement : « Nous allons arranger ça, il n'y a pas de quoi fouetter un chat !... » Vous devrez guetter le moindre mouvement spontané, le geste le plus innocent. Vous ne pourrez accorder la satisfaction la plus naturelle, ni même la plus élémentaire formalité, par crainte de la conséquence inquiétante qu'on en tirera, ou de l'autre question, plus sérieuse, qui en découlerait. Le moment viendra peut-être où il y aura lieu de s'entendre sur le nom d'un arbitre : et alors sera-t-il nécessaire d'aller pressentir celui-ci, de trouver parmi ses parents, ses commensaux ou ses plus chères amies, les appuis nécessaires à décider en votre faveur sa toute-puissante impartialité... Que de soins, que d'exploits, que de démarches et de contre-démarches !

Au bout d'une belle affaire, abondante en engagements divers et en péripéties, on n'a plus qu'à se mettre au vert, aux pâtes et aux laitages. N'admettra-t-on jamais certains témoins âgés et nécessiteux aux Invalides ? Ils y ont droit.

Puis encore, la rencontre terminée ou le procès-verbal signé, tout n'est pas dit. Reste une longue retraite à faire en pays hasardeux. Que l'on soit triomphant ou battu, l'on soulève l'émeute. Et le client, que dit-il? Est-il content de ses soldats? Il les accuse néanmoins de mollesse. A-t-il sujet de s'en plaindre, qu'il leur déclare la guerre à son tour et leur envoie quatre nouveaux témoins par la figure.

Allons, convenons-en, la nation est ingrate et n'honore pas comme il sied les meilleurs entre ses enfants. Loin de propager la discorde et de pousser à la haine, quelques citoyens dévoués s'appliquent, au prix de mille peines, à régler les affaires et les différends particuliers. Où la loi échouerait, où le code serait sans grâce, le juge bien gauche et le commissaire de police incompétent, quatre magistrats délicats et privés se réunissent de leur plein gré, et gratuitement, sans qu'il en coûte un sou ni à l'État, ni à personne, ces avocats zélés dénouent les problèmes les plus difficiles, ou du moins les simplifient, les clarifient; ils règlent les grandes querelles, pansent d'horribles blessures d'amour-propre, apaisent des furieux, écartent les brutes, gênent les mauvais, réparent quelques calomnies, évitent nombre de pugilats. L'honneur des femmes leur doit beaucoup. La dignité humaine, assez. Et notre élégance française, un peu.

Demandons une décoration pour les bons témoins, consciencieux et éprouvés, ayant souvent fait leurs preuves. Cet ordre sera mi-guerrier et mi-civil, mi-littéraire et mi-parlementaire. On appellera cette nouvelle croix la petite Légion de l'honneur. Et j'en sais quelques-uns qui l'auront bien gagnée.

✦

LA CRISE DU LANGAGE

Il y aurait une crise du français...

Mais ceci demande à être expliqué. Si l'on déclare : « Il y a une crise viticole dans l'Aube », évidemment, chacun comprend de quoi il s'agit, à savoir que de pauvres vignerons ne sont pas heureux quelque part, en France. Pourquoi, au juste? Et, d'ailleurs, où donc se trouve l'Aube? Dame! ce sont là des questions techniques. Il ne faut en telle matière prendre personne au dépourvu. Toutefois, une crise viticole, soit, on entend cela.

Que l'on vous dise encore : «Les statisticiens annoncent une crise du mariage ou de la natalité... » Bon, ce sont là des tristesses nationales. Chacun les déplore, de très bonne foi, et se propose d'y apporter remède

8.

... un jour. Crises archi-connues, et de tout repos. Elles ne nous surprennent ni ne nous inquiètent.

Mais une « crise du français !... » Le mot est troublant. Que veut-on signifier par là? C'est que le cas ne semble pas une bagatelle : on a fait campagne, de graves journaux se sont émus, des vingtaines d'études et d'articles ont paru, et voire un livre, *l'Esprit de la nouvelle Sorbonne*, par le mystérieux Agathon; on a discuté, on s'est montré spirituel, éloquent, ingénieux, tendancieux, retors, ému, toute la lyre, d'autres diront tout le répertoire, d'autres même — les impertinents! — tous les couplets.

Donc, nous traversons une crise du français, et c'est en partie la Sorbonne qui nous l'aurait amenée. Elle ne l'a point fait exprès, et considère même avec une certaine sympathie, c'est elle qui le dit, les jeux d'enfants et autres fariboles auxquels se livrent nos stylistes; mais elle pécha seulement par excès de zèle : car elle éprouve un si furieux désir de transformer en érudits ses étudiants ès lettres, que ceux-ci n'ont plus le temps d'apprendre à écrire le français. A moins que nous n'y ayons rien compris — ce qui pourrait bien être — voilà le fond du débat.

Ce n'est point là, il faut en convenir, une petite dispute familière et sans cérémonie, dans laquelle n'importe qui puisse intervenir à la cavalière. Il faudrait voir comme nous serions reçus, si nous venions nous mêler, tout en fumant la cigarette, à cette querelle de gala. Songez qu'en de telles contestations, une robe de docteur — au moins — n'est point de trop : et d'abord, dès qu'on se trouve court, elle sert déjà d'argument.

Toutefois, si nous pensons que l'on est près de se montrer injuste pour l'éminent corps enseignant de notre Sorbonne, n'aurons-nous pas, quoique indignes, congé de l'écrire? On s'attroupe, on s'ameute contre ces messieurs nos maîtres, on leur crie aux oreilles qu'ils transforment leurs étudiants en vivantes machines à rédiger des fiches, au lieu d'en faire de fins lettrés, et en classeurs automatiques de titres de livres, plutôt que de leur enseigner les grâces de la narration, le bel air du style, et les ressources infinies de notre délicate syntaxe française. On leur crie : « C'en est trop ! Laissez à l'université d'Iéna sa méthodologie, et revenez à nos élégances, il n'en est que temps... »

Assurément. Néanmoins, messieurs les chefs de nos laboratoires de philologie — cela signifie, en langage aisé, messieurs les professeurs de littérature — ne sont pas seuls coupables en cette crise du français. Il y a, hors l'école, les profanes qui sabotent la grammaire et le dictionnaire, il y a vous, il y a moi, qui parlons si mal... Nous voudrions que M. Gustave Lanson, plaidant en ce procès, citât le méchant patois dont on use un peu partout et jusque dans les boudoirs où l'on croit que l'on cause, ou que, pour la défense de la Sorbonne, M. le doyen Croiset ne négli-

geât point d'aller, s'il nous permet une telle méta-
phore, cueillir des arguments sur les plus jolies lèvres.
Mais, voyons, les étudiants, qui sont des jeunes gens,
vont-ils se contraindre à de bien grands efforts, et
prendront-ils tant de peine pour exprimer tout joliment leurs pensées, celles-ci fussent-elles les plus
fraîches du monde, alors qu'ils entendent non seulement leurs mères et leurs sœurs, mais encore leurs
cousines ravissantes et leurs amies délicieuses dire
couramment : « *Je m'en rappelle, je lui ai causé, un
leuvrier, Réné, su' l'trottoir, j'veux pas ci, j'ferai pas
ça, j'irai pas là, çui-là, pour sûr...* », et mille autres
horreurs?

On ne saurait demander l'impossible, et quand tout
le monde parle si bourgeoisement, vous n'exigerez pas
qu'en Sorbonne seulement l'on témoigne d'un atti-
cisme provocant. Ce n'est point raisonnable. Voici
l'avril qui va naître. Attendrez-vous de nos éphèbes
catalogueurs qu'ils murmurent galamment à quelque
jeune fille : « J'ai pris bien du goût pour vous, mademoiselle. J'en ferais confidence à Mme votre mère,
si vous souffriez que j'aspire à votre main... », quand
la charmante enfant répondra peut-être dans son
trouble : « Oh ! monsieur... ma main... à maman...
mais, demandez-y... »

Conversez avec soin, terminez vos phrases, on ne
vous écoute plus. Choisissez vos mots, vous passez
pour poseur. Variez à souhait votre syntaxe, on vous

traite de bel esprit, et les témoins ne sont plus très loin, car l'injure est sanglante... Voilà tout simplement la crise du français.

Bah ! l'on s'y fera. Sur le champ de bataille, un colonel ne déclarera plus : « Messieurs, nous allons avoir l'honneur de charger... » Il s'écriera, moins noblement : « Mes enfants, nous allons rentrer dedans !... » Et aussi bien, peu importe — mais pourvu qu'on « rentre », en effet ! Sinon...

◆

UN STYLE FRANÇAIS

Oui, un style qui soit bien de chez nous, bien à nous, un style de terroir, un vrai produit de nos bois, de nos prairies et de nos villages, un art qui vienne un peu du hameau où sonne l'angélus parmi les champs, et un peu du bourg qui se forme chaque dimanche autour du mutuel, à Longchamp ou à Auteuil ; une grâce que l'on retrouve à la fois dans le patelin d'Ile-de-France, dont un nuage de papillons couvre à midi les jardinets, et dans notre patelin de la Madeleine, au-dessus duquel bourdonnent et tourbillonnent sans cesse des essaims de potins innombrables...

Un style français, le goût français, l'esprit français... On ferait bien mieux de dire tout court « le style », « le goût », « l'esprit », puisqu'il n'est de style, j'entends élégant, que chez nous, puisque c'est nous qui exportons le goût dans tout l'univers, et puisque l'esprit du monde entier se fait dans notre pays. Cependant, si l'on veut indiquer on ne sait quoi de plus délicat, de plus savoureux, de plus souriant, de plus rare et de plus doux encore, pourra-t-on se passer de cet adjectif qui, à lui seul, fait un miracle, «français?...» Comme on la sent bien, comme elle nous touche, comme elle est claire, cette nuance-là ! Mais allez donc la définir !

Si, sous peine de mort, nous étions contraints personnellement à dire ce qu'il nous semble du goût, du style français, ce que c'est, comment on en approche, eh bien ! nous conterions peut-être, avec mille excuses et toutes sortes de précautions, une toute petite chose que nous avons vue.

Un jour du mois d'août, nous descendions vers l'étang à sept heures du soir, en forêt de Chantilly. Il avait fait très chaud, la rosée tombait. Que l'on se figure, par un soir d'été, le bout du lac sinueux, déjà couvert d'une ouate merveilleuse, l'ouate des fées, la brume. Tout autour, la forêt, les bois, déjà saisis par la nuit. L'étang se meurt au pied d'un petit castèl romantique, ridicule et gracieux. Et à côté du castel fuselé, il y a une guinguette, presque rien, une table en sapin et deux bancs qui boitent.

Or, en approchant, nous entendîmes un air de valse; oh ! pas une valse lente arrachée au violon sous l'archet d'un tzigane, et point davantage quelque polka mugie par un affreux trombone ; non, mais une brave petite valse que chantonnait bonnement l'harmonica.

Devant la guinguette sept ou huit garçons et jeunes filles — la fin d'une noce de village — dansaient. Les demoiselles d'honneur tournoyaient, roses et mauves et la mariée, toute blanche, dans la nuit montante. Et l'on riait. Et il n'y avait personne, sinon les reinettes, pour assister à cette danse de nymphes. Et les gars avaient beau être endimanchés, n'importe, à cause des jeunes filles claires et de l'étang brumeux, on pensait à Corot, ou à Gérard de Nerval : et, aussi bien, ceci se passait au pays de Sylvie.

La forêt séculaire, l'harmonica dans le crépuscule, les gens de la noce, les nymphes, le rire et les reinettes style français.

❖

LA SAISON DU GOÛT

Exposition d'étoffes ou de bibelots aux Arts décoratifs, exposition Ingres ou David, Humoristes de la rue La Boétie, Humoristes du Palais de Glace, petits maîtres hollandais ici, miniatures persanes ailleurs, Salon de la Nationale, Salon des Artistes français, etc., etc., et j'en passe... Que de couleur! que de formes! que d'émotions! que d'étonnements! que de sujets de conversation!...

Si l'on songe à l'existence si active des Parisiennes, que surmènent à la fois les obligations chorégraphiques, le souci bien légitime des courses ou du Concours Hippique, et aussi les œuvres charitables et la sainte conduite du foyer; si l'on observe qu'il leur arrive parfois, en outre, de se coucher bien tard, et qu'au besoin c'est l'alouette plutôt que le rossignol dont le chant les accueille parmi les bocages d'Auteuil ou des Champs-Élysées, quand maintes autos les déposent à l'aurore devant les portes de leurs maisons; si l'on tient compte de tout cela, l'on se demande comment donc, en vérité, s'y prennent ces êtres fragiles, aux nerfs délicats, pour supporter une vie si émouvante? Elles dorment à peine, déjeunent rapidement, vers une ou deux heures de l'après-midi, et aussitôt les voilà parties pour éprouver toutes sortes d'impressions!... Rien n'est fatigant comme les impressions, du moins pour certains et certaines. A revoir seulement, après nombre d'années, le corso de sa chère Milan, Stendhal pensa éclater en sanglots, et rentra chez lui brisé de lassitude. Ce n'était qu'une impression. Je sais une jeune femme, et charmante, qui, pour avoir uniquement aperçu le Rodin cette année, à la Nationale, s'est également mise à pleurer. C'était aussi une impression... Mais vous sentez que cela épuise, à la longue.

Nous n'ignorons pas que l'on répondra : « Aussi, pourquoi courir ainsi les expositions? Le couturier n'a-t-il plus d'attraits? Les conférences ne peuvent-elles suffire? N'a-t-on plus de visites à rendre? »

Là n'est pas la question. Et d'abord, le couturier lui-même est une exposition d'art 1875, oriental et Directoire. La modiste, pareillement. Les conférences fleurissent l'hiver et se fanent au printemps. Quant aux visites, qu'y fait-on, s'il vous plaît, hormis d'y causer? Or de quoi donc entendez-vous que l'on parle, dès le printemps, sinon justement des expositions et des Salons de toutes manières? Un peu avant le muguet, c'est le goût qui s'épanouit. Les Parisiens, les Parisiennes sont tout parfumés de goût à partir du 15 avril. Voici que les teintes précieuses, suivies de leurs demi-teintes, et que les quarts de nuances rares nous touchent et nous ravissent profondément. Il y a deux semaines, l'on n'y songeait point. Mais à la fin d'avril s'ouvre la saison des émotions artistiques : et elle est délicieuse.

La vie se trouve par là si simplifiée! Voyez donc : en temps ordinaire, l'on présente l'un à l'autre un monsieur et une dame. Bon, c'est toujours un peu gênant. Le monsieur se trouve là, souriant avec application, une tasse de thé aux doigts, ou bien assis de côté sur sa chaise. La dame songe à l'heure qu'il est. « Que vais-je lui dire qui l'intéresse? » pense éperdument le monsieur. « Il serait poli de rester encore ici dix minutes », se commande tout bas la dame. Et l'entretien languit, difficile et pâle...

Au lieu que, dans la saison du goût, la même dame et le même monsieur sauraient tout de suite comment causer. Ne disposeraient-ils que de cinq minutes à peine, ils tiennent un sujet, et savoureux, et raffiné !

— Avez-vous été au Salon de Ceci, madame, ou à l'Exposition de Cela? Aimez-vous les tableaux de X..., ou les étoffes peintes de Z..., ou les petits hollandais? Et les miniatures persanes?...

— Ah ! monsieur, la Perse !...

Et les propos d'aller, exquis, et bien au-dessus de ces pauvretés qu'on entend toute l'année ! D'autant que, sur les peintres aussi, il y a, tant qu'on en veut, des potins à narrer : mais quand il s'agit d'artistes, les potins s'appellent plus noblement des anecdotes. C'est une politesse que l'on fait aux Muses.

On leur en fait bien d'autres encore ! L'on ne discourt, en certains mois, l'on ne dispute, l'on ne rêve que d'art. Nos plus vives jeunes femmes ont leur avis sur telle peinture ou sur telle autre. Elles étudient leur Ingres et leur David, mais sérieusement. On peut leur montrer des Maurice Denis, des Gauguin, des Matisse :

elles sont prêtes. La Perse les guette, et les aura. Il n'est jusqu'aux plus puissants verts, jusqu'aux rouges les plus turcs, jusqu'aux améthyste les plus entreprenants et jusqu'aux pires groseille, qu'elles ne mélangeraient fort bien sur leurs murs, après avoir toutefois marié ces tons sur elles-mêmes, car elles ne s'habillent pas sans préméditation. Elles voient les arbres bleus, les ciels safran, les maisons pourpres, les cailloux tels que des escarboucles, les humains éclairés par l'aurore boréale, les femmes pareilles à des guivres terribles... C'est une féerie de couleurs dont elles sont le jouet, un immense kaléidoscope qui les entoure, un enivrant feu d'artifice...

Puis, un beau jour, comme le mai s'avance et que le printemps mûrit, il advient qu'on les mène aux champs, mais s'entend parmi les vrais champs, sur les bonnes terres que balaie la brise et que foulent les vaches, en pleine nature enfin, au beau milieu des décors du bon Dieu... Ah ! les pauvres Parisiennes, elles ne voient plus rien alors. La saison du goût leur a usé les yeux. Lâchées par les grands prés verts, voilà qu'elles s'arrêtent éblouies, et que leurs paupières clignotent. Elles sont comme ces oiseaux qui vivaient en des cages d'or, d'émail et de pierreries ; ouvrez la porte de la cage, et l'oiseau s'envole, il gagne le bois : mais le soleil l'étourdit tellement, qu'il demeure tout surpris dans l'herbe, et qu'on le reprend à la main.

L'AFICIONADO

Un aficionado... Le mot à faire bien rêver, que celui-là ! Combien n'imagine-t-on pas, rien qu'à le lire, d'images savoureuses, colorées, animées ! Que de souvenirs gracieux il évoque, quelle élégance un peu rude et âpre, un tantinet surannée, celle qui par exemple nous flatte en un joli costume, poétisé par une tradition centenaire, car enfin ce n'est point d'aujourd'hui qu'il y a des aficionados, et qui pullulent !... Et que d'allure en ce terme qui n'est pas de chez nous, quel parfum étranger, quel bouquet, quel attrait romanesque !... L'aficionado !

Ce passionné, on dirait presque ce maniaque, est un homme de tout âge, mais plutôt jeune cependant, vu que la jeunesse est le temps des amours extrêmes ; nous le prendrons même très jeune, puisqu'il s'agit de le dépeindre ; mettons enfin que c'est un cavalier mince et charmant, nous le choisissons tel : un page fera toujours mieux, ici comme d'ailleurs partout, qu'un barbon.

Nous sommes au cabaret : voici qu'il a terminé son repas, il repousse la table, il se lève... Voyez-le, séduisant et svelte, les épaules bien découpées, la taille pincée par son veston noir, le col dégagé au-dessus de la mince cravate de satin, le visage fin et glabre, auréolé par le chapeau de feutre à grands bords : un vrai dandy, que notre aficionado !

Il ne sourit pas : non point qu'on le sache maussade ou chagrin, pourtant; tout au contraire, il se plaît à vivre; le ciel lui semble éclatant, l'air léger, et bref — comme écrivait, touchant son petit-fils, Mme de Sévigné — « sa jeunesse lui fait du bruit ». Mais l'attente, une délicieuse attente, une exquise agitation, une angoisse bienheureuse lui serrent la gorge à cette minute : l'aficionado va voir combattre, le sang coulera tout à l'heure sous ses yeux, des coups effrayants et précis seront portés en son honneur, pour lui public, et mieux que public, à savoir spectateur d'élite et patricien de l'assistance, amateur entre les amateurs, dilettante des dilettantes; or, à cette pensée, notre aficionado se sent ému comme si lui-même, en vérité, devait, dans quelques instants, donner de sa personne et combattre effectivement, et faire par ses propres œuvres couler le joyeux sang, et porter de ses mains les coups merveilleux... Se figure-t-on qu'il va sourire, à la bonhomme, alors qu'un émoi si charmant, et si grave, habite en son cœur?

Loin de là, l'aficionado s'est levé de table, tout énervé, tout impatient et tout sévère en apparence. Aussi bien, observez que ni les guitaristes et autres gitanes, ni les convives ne l'ont pu distraire, durant qu'il mangeait. Il eût donné plutôt les musiciens au diable, ainsi d'ailleurs que l'humanité entière, à l'exception des autres aficionados, ses pareils, et de leurs gladiateurs illustres. Au moment de gagner l'arène, on n'a pas le loisir d'écouter des romances, non plus que le moyen de faire la conversation.

Sous peu de moments, miséricorde ! dans moins d'une demi-heure peut-être, que l'on veuille seulement penser à l'état dans lequel se trouvera le trépidant et comme délirant aficionado ! Aveuglé par la clarté brutale, assourdi par les clameurs injurieuses, gouailleuses ou amicales du public, l'esprit tendu afin de ne perdre nulle finesse des savantes passes, ni aucune péripétie de la lutte terrible, tressaillant à chaque charge esquivée, à la moindre indication d'attaque, véritablement hypnotisé enfin par les quelques pieds carrés du *ring*, et le furieux, le continuel effort des boxeurs...

Mais comment?... Ne sommes-nous plus compris?... L'on n'attendait point la boxe ici?... Et pourquoi? A cause de ce terme « aficionado » lequel donnait à entendre qu'il se fût agi d'Espagne et de courses de taureaux, plutôt que de pugilat — pardon ! de pugilisme — et d'*uppercut* et de *knock out*?...

Allons, il est cependant notoire qu'à Paris, les aficionados foisonnent : mais c'est autour des combats de boxe, qu'ils essaiment. Nous étions-nous exprimé d'une manière si confuse?

Et ensuite? La tenue de notre sportsman? Qu'a-t-elle d'extraordinaire? Son veston ajusté, qui fleure l'Espagne, et sa mince cravate de satin, et son grand sombrero? Eh bien ! mais il est en smoking, et porte, comme vous et moi, un chapeau rond, non sans bords, qui touche à son oreille. Les guitaristes, les musiciens? On les trouve en plus d'un cabaret. Ils ne sont point gitanes? Bah ! pas plus que tziganes... Le sang, les passes savantes : voilà qui s'applique à la boxe. La clarté brutale? Entendez ici d'épouvantables torrents d'électricité. L'arène? C'est le *ring*. Et l'aficionado? Pour peu que la mode continue, demain l'aficionado sera tout le monde : il faut s'habituer tout doucement à cet avenir.

Le boxing-aficionado court les rues. Il y a quelque singularité aujourd'hui, pour ne pas dire certaine affectation, à feindre d'ignorer ce que sont un crochet du gauche, un poids coq, un poids plume, Joë Jeannette ou Carpentier. Déjà ces notions se trouvent dans l'esprit de tout homme un peu cultivé. Bientôt, elles feront partie des programmes universitaires, au lieu de cette fade grammaire française, qui ne saurait former de bons citoyens. Et c'est une question de prévoir si l'an prochain, un vrai gentleman pourra se présenter dans un salon avec toutes ses dents, un nez dépourvu d'enflure, et les deux yeux en bon état.

Ainsi va le monde : naguère encore, un élégant

portait monocle. Mais cet hiver, il portera l'œil à la coque. Et nous aurons des coiffeurs experts pour raser nos délicats, leur tracer la raie dans les cheveux, et leur pocher l'œil selon le tout dernier bon ton.

LA JOURNÉE PERSANE

C'est à Paris qu'on la passe...

Il ne faut pas s'en étonner. On rencontre tout à Paris, la Russie et ses musiques, l'Italie et son poète, les Allemandes et leurs toilettes, les Belges et leur accent, les Amériques avec leurs dots, etc. Il y a l'univers entier, dans notre ville, et jusqu'à une extraordinaire quantité de Parisiens. Quoi de surprenant si l'on y trouve aussi la Perse? Elle y fleurit. Vous vous récriez : « Comment peut-on être Persan?... » Eh ! mais en devenant très à la mode, tout simplement.

Par exemple — commençons par la nuit — où passer sa soirée? Aux ballets russes, bien entendu. Là, vous savez ce qui vous attend : on est au pays même de Schéhérazade. Ce ne sont que rois mages, que vizirs, que djinns, que bayadères, que péris, que nègres mauves, que harems éblouissants et mystérieux. On sort ivre d'Orient. On va souper, la tête encore pleine de danses parmi les fleurs, de gazes qui tournoient et de babouches qui font des ailes de pigeon. On cherche en se couchant la moustiquaire, et l'on est surpris de ne pas s'endormir au son de la guzla.

Le lendemain, visité des antiquaires. Un élégant aime à bibeloter. Or, que vous offre-t-on? Rien en ce moment qui ne vienne au moins des bords de la mer Rouge, ou de la mer Caspienne, ou de l'Inde, ou de l'Asie-Mineure : mais, tout cela, c'est encore la Perse, n'est-ce pas?

Pour déjeuner. vous savez comment composer votre menu selon le dernier cri : les Américains nous ont tout récemment donné la mode d'aimer le maïs en branches à peine mouillé de beurre, et ces grosses oranges appelées pamplemousses. Vous y joignez du riz, quelque piment et un sorbet. Rien n'est plus perse.

Dans l'après-midi, peut-être suivez-vous les courses — mais, dans ce cas, il faut que ce soit tous les jours, les bourgeois seuls y vont une fois de temps en temps — et si vous avez donc vos occupations quotidiennes à Auteuil ou à Longchamp, nous vous laisserons jusqu'à cinq heures : les affaires sont les affaires. Mais après, au retour, en passant devant le Polo de Bagatelle, vous savez bien qu'il faut vous y arrêter, de toute nécessité, entrer, et goûter là. Le Polo est pour ainsi dire la cour, le Versailles du monde parisien, le lieu vénérable, la pelouse sacrée de notre Bois de Boulogne. Un peu partout, l'on rencontre des gens : mais là seulement on trouve une société, la société.

Donc, vous y allez. Qui sait même, vous y jouez peut-être? Avec quatre ou cinq poneys à 6,000 francs l'un, vous vous passerez ce caprice. Sinon, asseyez-vous paisiblement, et, votre tasse de thé ou votre soda aux doigts, regardez tourbillonner sur l'herbe ces cavaliers vêtus de blanc, montés sur de petits chevaux, et poussant une bille avec de longues crosses. N'est-ce point encore très persan? N'avez-vous pas déjà vu cela sur les miniatures? Et, d'ailleurs, observez mieux, on croirait que les joueurs de polo dansent un ballet hippique, eux aussi, avec un entrain, une fougue, une légèreté, une grâce allègre !... L'émir Nijinski viendrait-il de monter à cheval?

Le soir, vous dînerez en ville. Les femmes seront surchargées de bijoux et habillées à la roxelane. Il y aura des roses sur la nappe, sous vos mains, partout. Par la fenêtre ouverte, vous devinerez quelque jardin où retombera dans une vasque un fil d'eau... N'aurez-vous donc pas fait un savoureux voyage en Perse?

TOUTES HÉROÏQUES

Ceci se passait au Bois. C'est le long des allées ombreuses, c'est au Polo de Bagatelle, à Longchamp, à Auteuil, c'est autour des tables d'Armenonville ou de Madrid, que l'on goûte les grâces de la vie. Il fait bon, le matin, tout en chevauchant, discourir avec une dame délicieuse de politique internationale.

— Je crois, madame, disait-on, que nous aurons vraiment la guerre, cette fois.

Et elle répondait :

— N'est-ce pas que ma jument a de jolies foulées, au galop?

On insiste :

— Votre mari part, je crois? Il est encore dans la réserve?

Elle réplique :

— Ce qui m'ennuie, à cheval, avec les chapeaux de paille, c'est qu'ils tiennent mal, et qu'on est réellement forcé d'y mettre trop d'épingles.

Enfin, l'on joue sa dernière carte :

— M. X..., votre ami, qui est lieutenant de dragons, sera du moins des premiers à la frontière. Ne tient-il pas garnison à Nancy?

Mais la jeune femme réplique alors en fronçant les sourcils :

— Est-ce vrai, ce qu'on a raconté, qu'il aurait été rencontré avant-hier, dans un music-hall, avec un tas de pas grand'chose?...

Admirable négligence touchant le péril, sublime dédain du canon, des obus, des balles, des embuscades, des famines, des maladies, de la fièvre, de tout le cortège des guerres !

A cheval, d'ailleurs, l'on se ne trouve pas au mieux pour causer; l'on est distrait, des cavaliers vous croisent à tout moment, on se salue, on échange des potins au passage; le recueillement nécessaire à toute réflexion fait entièrement défaut. Mais le soir, par exemple, à Armenonville, devant la glace ou les fruits rafraîchis du dîner, sous l'éclat caressant des bougies, et tandis que les tziganes font soupirer leurs violons en sourdine, ne sera-t-on pas en mesure de traiter avec tout le confortable voulu la question du Maroc?

— Eh bien ! madame, on va se battre.

— J'irai voir ça en automobile.

— On ne vous laissera pas passer.

— Allons donc ! J'ai un cousin journaliste, il me donnera un coupe-file.

— Tant mieux, alors, vous nous panserez.

— Mais je ne veux pas voir le sang ! C'est plus fort que moi, je m'évanouis.

— Alors vous soignerez les épidémies.

— Mais les maladies contagieuses me font une peur bleue !

— En ce cas, vous nous aiderez comme vous pourrez, vous rétablirez les fils télégraphiques, vous donnerez de faux renseignements aux Allemands...

— Regardez-moi cette fille là-bas, avec sa triple chaîne de perles. Vraiment, c'est trop. Moi, je n'aime les bijoux que s'ils sont en harmonie avec les toilettes. Pas vous?

Admirable détachement ! Nos femmes sont des Romaines, dignes de Plutarque.

L'une d'elles m'a dit :

— Vous avez failli tuer ce braconnier, qui volait vos poules faisanes? tout de même, vous l'auriez bien regretté?

— Ma foi, non.

— Oh ! c'est ignoble, ce que vous m'avouez-là !...

Et un instant après :

— Vous croyez à la guerre?

— Mon Dieu, madame, elle n'est pas impossible.

— Ah ! comme ce sera intéressant ! J'aimerais voir cela.

J'ai demandé à cette dame la permission de l'embrasser. Elle était d'ailleurs très jolie.

LE TUMULTUEUX AUTOMNE

C'en est fait du repos des champs, voici l'automne !
Naguère encore, le mois dernier, l'on pouvait dès midi
se coucher le long d'un petit bois solitaire, en sabots,
en blouse, une pipe aux lèvres et un livre sous le bras ;
la pipe était fumée sans hâte, puis on ouvrait le livre
et l'on s'endormait avec sérénité. Ou bien, l'on guettait
les lièvres, les perdreaux ; on se frottait les mains en
murmurant : « Il y en a ! La chasse sera jolie, à l'ou-
verture... » On était mal vêtu, mal rasé, le garde cham-
pêtre vous regardait de travers en passant... Mais, dès les
premiers frissons de l'année, adieu ces plaisirs d'ermite !

Et pour le Parisien, nonchalant aussi, qui avait
mollement erré tout l'août, soit au Bois désert, soit
parmi les restaurants silencieux, c'est fini, la paresse !...
« Et que faisiez-vous, cet été ? — Je flânais. — Vous
flâniez ? J'en suis fort aise. Eh bien, dansez maintenant ! »

Car il s'agit de danser, en effet, dans les châteaux
subitement pleins de monde. Il y a foule partout, dans
la nature. On se bouscule en forêt, on s'écrase sur les
bords de la rivière ou de l'étang, il faut garder sa
droite à travers champs, un sou ne se perdrait pas
dans les allées du parc, non plus qu'une aiguille ne

toucherait terre en la salle des gardes, après le dîner ou à l'heure du thé. On chasse, on pêche, on joue au golf, au tennis, au bridge, on organise des comédies, des sauteries, les automobiles ronflent, les chevaux piaffent, les chiens aboient...

Quant à la blouse et aux sabots du mois passé, qu'en a-t-on fait? Admirez, au contraire, les cent complets, les mille et une robes tailleur qui s'envolent des malles, et les bottes spéciales pour forcer la loutre, déterrer le renard, tirer le faisan, saisir artistement la truite, ou mener le cerf aux abois! Et encore ne parlé-je pas des tuniques lamées, pailletées, des merveilles en satin broché, en mousseline de soie, en charmeuse, en liberty, et des smokings divins, et des cothurnes de Cendrillon, sans lesquels vous ne voudriez point que l'on se mît à table, vers neuf heures, devant les landiers imposants et le manteau sculpté de la cheminée Renaissance!

Des poètes nous ont dépeint l'automne ainsi qu'une saison propre aux rêveries, aux regrets, une saison de brumes et de mélancolie. Voilà de la convention. Il n'y a rien de plus animé que les mois d'octobre, novembre. On y tourbillonne de fête en fête, d'hallali en goûter, de joyeux camping en souper de gala. Le moindre château devient un casino. Tout le feuillage s'illumine, jaune canari, vermillon, vieux vert, bariolé d'or et de pourpre; et nous admettons bien que l'automne ait ses violons, mais pour le bal.

Et quelle fatigue pour l'esprit ! L'on se trouvait dans les prés, paisible, ou étendu devant la mer langoureuse. La vie coulait, facile et somnolente ; à peine si l'on échangeait deux cents phrases par jour : est-ce que l'on répond aux alouettes du ciel, ou aux mouettes qui passent?... Puis, brusquement, un coup de vent s'est élevé : patatras ! c'est l'automne !... Vite, les malles ! On est attendu en Touraine, dans le Poitou, dans le Valois, en Berry !... Ah ! il va falloir parler, là, porter des jugements, avoir son avis sur un tas de choses auxquelles on ne songeait plus, telles que le théâtre, les gens, les mœurs, les modes, les potins, les scandales !... Songez donc que dans les châteaux, dès le fin matin, on se retrouve pour le premier lunch, ou les premiers perdreaux, en plaine. Bon ! pour peu que l'on sache être reçu, il convient, par conséquent, de montrer immédiatement quelque bonne humeur, et l'on voudra déjà briller. Travail préliminaire. Pendant la matinée entière, on bavarde, on plaisante, on fait des mots. Arrive le déjeuner : les mots redoublent, les opinions pleuvent. Toute la journée, au tennis ou en auto, l'entretien se poursuit. Au dîner, l'on ne se repose pas, et cela pourrait durer jusqu'à minuit, si l'on n'avait le bridge — où l'affût au marais, en cas de clair de lune. Le dieu Vertumne, qui préside à l'automne, s'appelle aussi le dieu de la Conversation. Son culte est charmant, mais il épuise.

D'autant que cette année, nous aurons été peu favorisés par les circonstances. Jusqu'ici l'on savait toujours comment ranimer une causerie languissante; celle-ci fût-elle morte, on s'y retrouvait, et l'on ne sombrait pas dans le silence, car il restait une planche de salut : « Hélas ! s'écriait-on, l'esprit public est perdu en France. La nation s'en va, on ne sait seulement plus ce que c'est que le patriotisme !... » C'étaient là de tragiques affirmations qui ralliaient tous les suffrages, et aussitôt l'entretien repartait entre gens qui s'entendaient si bien : on parlait de chapeaux, de courses ou de théâtre; on était sauvé.

Or il nous faut renoncer à ce tonique pour colloques agonisants. Le patriotisme? Mais il est en fleur. L'esprit public? Il souffle à l'unisson, vers l'Est. La nation? On la sent jeune, vigoureuse et pleine de fierté. Pas un saute-ruisseau, dans Paris, qui n'ait relu sa feuille de route ou essayé son képi. Pas un braconnier, aux champs, qui ne songe à tirer la sentinelle ennemie, plutôt que le chevreuil d'autrui. Et tout cela en riant. C'est la grâce même.

Néanmoins nous aurons perdu là un grand motif à bavardage ! Il faudra le remplacer... Une idée : un petit jeu de salon : « En cas de mobilisation, où va-t-on? — A Menton, à Ablon, à Châlons, à Thonon... » Il faut trouver des villes en *on*... En Lorraine, il y en a. En Alsace, également.

Cet automne est magnifique !

SANS MOUSTACHES

Nous croyons assister à la scène. Le jeune conscrit, le « bleu », est là, fixe, les mains dans le rang, impeccable. Il porte son uniforme avec une grâce déjà militaire. Son képi est bien posé sur sa tête, sans hésitation, d'une oreille à l'autre. Le ceinturon, qu'on lui confia, l'autre semaine, reluit comme s'il était verni, et sa fine baïonnette pend, discrète mais toute prête, à son côté. Il a ses gants, ses épaulettes, on peut l'envoyer en ville, il plaira. Son sergent le regarde avec sympathie.

Mais soudain, ce chef sévère a froncé le sourcil. Comment? Qu'est-ce que cela signifie, ce jeune soldat n'a pas de moustaches?... Le sergent s'approche, examine mieux... Mais, elles ne sont point seulement absentes, ces moustaches, elles sont rasées ! Pour le coup, c'est un peu fort : demi-tour, jeune bleu, rentrez à la caserne, et si demain il n'y a pas de poil sous ce nez... deux jours, avec le motif !

Évidemment, telle est la discipline des camps. Et telle est aussi la jeune, l'allègre insouciance de nos pioupious, qu'ils acceptent en riant l'ordre qui leur impose cet ornement inévitable. Le réglement est le réglement : il veut que la lèvre supérieure de l'armée française soit revêtue et non pas nue. Il ne sera de bonne soupe, si des moustaches n'y ont touché !... Allons ! soit. L'important, n'est-ce pas, c'est de tirer juste et de marcher au pas, un coquelicot derrière l'oreille, et un refrain entre les dents. Pour le reste...

Bien entendu. La moustache est une tradition, il n'y a qu'à s'incliner devant elle, et non sans respect. Il est d'ailleurs certain que le visage d'un homme y gagne on ne sait quel air guerrier. Les Francs, nos aïeux, terrifiaient le délicat Sidoine Apollinaire, évêque, par l'aspect effrayant de leurs moustaches rousses. Le Cyclope lui-même, qui était un esprit sans artifice, l'expliquait à la charmante Galatée, dont il s'était épris. « Il sied aux hommes d'être hirsutes », affirmait-il à cette nymphe effarouchée, ainsi qu'Ovide nous l'a conté. En 1525, le Parlement de Paris avait défendu au populaire de porter de grandes barbes qui, disait l'arrêt, « semblent cacher quelque dessein pernicieux contre le repos de l'État ». Toutefois, ces judicieux magistrats n'avaient touché mot des moustaches, preuve que celles-ci leur semblaient au contraire dignes d'un bon et ferme citoyen. Nos meilleurs généraux l'ont portée fièrement : Condé, Turenne, Luxembourg... Ah ! pardon, le maréchal de Luxembourg en avait-il? Nous n'en jurerions pas. Et les maréchaux illustres de l'Empire montraient, il est vrai, des lèvres rases. Est-il permis de songer sans trouble à la physionomie qu'eût présentée l'Empereur, si entre sa bouche si fine et son nez à courbe si nette, la ligne de son beau visage se fût trouvée rompue?

Aussi bien, il n'importe, et l'on pourrait répondre que si les maréchaux d'Empire se donnaient des profils de médailles, les grognards, en revanche, exhibaient des masques velus, non sans caractère. Puis, que signifient les rapprochements? Aujourd'hui n'est point hier. Il n'y a pas jusqu'à l'équipement qui n'ait changé : tout conscrit, par exemple, ne porte plus un bâton, mais des étoiles dans sa giberne; c'est moins lourd, et joli tout de même.

Inutile également de parler raison, et de dire : « Ce que l'on remarque de plus expressif dans une figure, après les yeux, c'est la bouche : pourquoi donc la cacher? Les beaux portraits d'hommes, si énergiques ou si spirituels, du dix-huitième siècle, que deviendraient-ils, si on leur collait des postiches au-dessous des narines? » Peine perdue... Et si l'on veut, comme John Bull, porter seulement de courts favoris, ou, comme Jonathan, une barbiche méphistophélique au menton, proscrirez-vous cela à la caserne, sergent? Cependant, vous y tolérez la barbe...

Arguments logiques, et pourtant dérisoires devant la règle et la coutume ! Le sergent secouera la tête, et ne répondra même pas. Au lieu que si on lui disait simplement : « A quoi bon contrarier ce « bleu » pour si peu? Qu'est-ce que sa moustache? Dix poils blonds ou bruns, voilà bien de quoi faire les gros yeux ! Qu'il la porte ou qu'il la rase, les Prussiens n'y verront que du feu — qu'un coup de feu... A son foyer, sergent, votre « bleu » était peut-être un esprit romanesque : en se coupant son rien de moustache, qui sait s'il n'avait point rêvé à Stendhal ou à M. de Vigny, deux bons soldats, ou au jeune Victor Hugo, poète admirable et conquérant, ou encore à George Bryan Brummel, esq., un amateur, celui-là, ou tout simplement à lord X..., fameux dans Londres par son élégance?... Voulez-vous empêcher ce conscrit de continuer son rêve, parce qu'il est au régiment?... Au contraire, sergent ! Ce sont de grands rêveurs qui ont triomphé à Valmy, non moins qu'à Marengo. Menez seulement votre bleu se battre et menez-l'y sans moustache : vous verrez bien mieux ainsi le beau sourire qu'il aura ! »

Cette exhortation, n'étant point raisonnable, mais chaleureuse, persuaderait sans doute le bon sergent.

❖

LES PETITES MANŒUVRES

Voici qu'ont pris fin les manœuvres de Saint-Hubert. Au cours de la semaine passée, elles ont eu lieu avec le plus vif éclat et à grand bruit dans toutes nos forêts de France, à travers nos landes et nos guérets, nos labours, nos friches et nos fourrés. Elles ont attiré un immense concours de monde, causé un tintamarre terrible sous les futaies et par les plaines, mobilisé des centaines et des centaines de chevaux, des officiers, des hommes à pied, avec, en outre, tout un train des équipages, et un service considérable de ravitaillement. Elles ont créé la plus vive émotion dans trente ou quarante départements, et fait courir Paris aux champs... Or, qui a pris la peine de les signaler seulement dans les journaux? Personne. Où donc en a-t-on donné le compte rendu, expliqué les difficultés, commenté les péripéties? Nulle part. Pour les grandes manœuvres de septembre, des pages entières dans les feuilles, pendant huit jours. Pour les petites manœuvres de novembre, pas une ligne ! Les tacticiens qui commandent celles-ci finiront par se fâcher, et ils n'auront pas tort.

Ce sont des manœuvres de cavalerie. On dira, il est vrai, qu'elles manquent un peu de diversité. Car le thème, en somme, est toujours le même. Il s'agit d'abord, à l'aide d'éclaireurs, d'aller reconnaître la position d'un ennemi, régulièrement tapi au fond d'un fourré : et cet ennemi n'est autre qu'un cerf ou un sanglier, parfois un chevreuil. Cependant, là-bas, à l'étape, le gros des troupes entend la messe et se fait bénir par l'aumônier. Une fois les reconnaissances faites et l'ennemi dépisté, l'état-major des cavaliers et des amazones arrive sur le lieu choisi pour l'attaque : une patrouille de chiens est envoyée au bois, celle-ci prend contact avec l'ennemi, qui se montre enfin, et aussitôt l'action s'engage. Elle est languissante ou furieuse, selon les cas, mais toujours bruyante à merveille, car les fanfares s'y marient belliqueusement aux galopades éperdues des guidons et des cornettes — j'ai nommé les veneurs, — à la voix impérieuse du général en chef — c'est le maître d'équipage que nous désignons ainsi, — aux clameurs sauvages des reîtres — les piqueurs, — et aux hurlements de l'infanterie — les chiens. Il y a aussi des espèces de francs-tireurs — les invités, — mais ces demi-civils sont importuns.

Quelquefois, de hautes personnalités étrangères viennent inspecter ces exercices de novembre. Nous vîmes durant une saison lord Ribblesdale, qui passa en revue tous les équipages de l'Ile-de-France et du Valois. Que de jours de consigne, si un bouton n'avait pas bien tenu, ou si un seul chien s'était trouvé malade !

Pour le public, qui ne manque jamais d'accourir en foule à ces petites manœuvres, l'un des moments les plus curieux est l'heure de la soupe, que l'on sonne après l'hallali, quand l'ennemi, enfin cerné, enfin forcé, s'est rendu, a été abattu par le couteau d'un cornette, sinon par le pistolet d'un reître, ou bien, de désespoir, s'est jeté à l'eau, et noyé. Alors, c'est le repos, on bivouaque : une nuée de riz-pain-sel sort des voitures diverses et des automobiles innombrables qui sont arrivées de toutes parts. Et les guerriers se restaurent, boivent, mangent, fument, se couvrent de manteaux et de couvertures. Les amazones, coiffées de leurs petits tricornes à plumes, disparaissent sous des fourrures énormes. Et les reîtres, pendant ce temps, sonnent des fanfares triomphales sous le ciel qui s'assombrit, tandis que la meute-infanterie se rue sur l'ennemi dont elle fait curée. Tout ceci est assez romantique, et pourvu qu'on n'écoute pas trop les conversations — un peu 1913, dame ! — ces petites manœuvres d'automne ne vont pas sans quelque poésie. Du moins est-il permis d'y mettre autant de poésie qu'on en désire : on en trouve à souhait, et de la plus ancienne, ce n'est pas la peine de s'en priver.

Dans la contrée de Chantilly, qui figure, pour la vénerie, comme une sorte de camp de Sissonne ou de Châlons, trois équipages tiennent garnison, et font chaque saison les manœuvres de Saint-Hubert. Parmi la vaste et déserte forêt du Petit Poucet, c'est-à-dire entre Chaalis, Vallière et la Butte-aux-Gendarmes, c'est la démonstration solennelle de l'équipage d'Ermenonville, troupes éprouvées, allégrement vêtues de rouge et de jaune. En forêt d'Halatte, travaillent les cavaliers de M. le comte de Valon, bleu de roi ; les reîtres, là, portent le tricorne, comme à Fontenoy !

Brillante passe d'armes : le chef est un stratège habile, que nulle ruse de guerre n'étonne. A Chantilly même, le prince Murat mène sa compagnie bleu de ciel, à parements grenat. Corps d'élite ! La manœuvre même de Saint-Hubert a lieu à Presles : pourtant, deux fois la semaine, on voit galoper au pays de Sylvie des tuniques charmantes. C'est la guerre en azur !

Au-dessus de Chantilly, s'étend le camp de Compiègne, dont le marquis de l'Aigle est le maréchal. On opère magnifiquement sous une telle direction. A Rambouillet, à Fontainebleau, en Normandie, en Bretagne, en Poitou, en Touraine, partout la trompe retentit, proclamant le boute-selle ! Nous attendons encore, néanmoins, l'allocution du ministre de la Guerre. Mais les pouvoirs sont si injustes !

LES FÉES

Un jour, un poète rencontra une fée au bois, sans doute au bois de Boulogne.

« — Eh bien ! madame, mais que devenez-vous, vos sœurs et vous? On ne vous voit plus.

— Au contraire, mon ami, répondit-elle, on ne voit plus que nous ! Regarde plutôt... »

Et elle lui montra les chars innombrables qui marchaient tout seuls, comme dans les vieux contes de nourrices, les tapis magiques des ascenseurs, qui en un clin d'œil vous transportaient au faîte des maisons, la lumière qui, sur un simple geste, fusait de partout, les machines parlantes, les voix qui passaient mystérieusement d'une contrée à l'autre, les petits génies cachés dans les sonnettes, etc... L'histoire est classique.

Cependant, elle n'est pas finie.

— Autrefois, aurait dû ajouter la fée, nous n'étions guère que quelques centaines, moins les sorcières bien entendu, qui rôdaient en grand nombre, mais laissons ces vieilles tricoteuses... Et encore fallait-il accomplir de longs voyages pour nous joindre ! On traversait des marais enchantés, on se perdait en des forêts sans issue, on trouvait des dragons couchés sur la route. Or aujourd'hui, nous voici légion ! Tant à Paris qu'en province, toutes les femmes sans exception tendent à devenir des fées.

« Et il ferait beau voir qu'elles n'y tendissent point ! Avec la peine infinie que l'on prend pour cela, avec une si extraordinaire quantité de cours, de conférences ! Ciel ! Que de guides, que de professeurs, que de choses enseignées ! Et comment, après une telle culture, en chaque femme ne s'épanouirait-il pas une fée, mais j'entends une vraie fée, sachant faire œuvre de ses dix doigts, capable de relier un livre, de broder une nappe ainsi qu'à Bruges ou qu'à Burano, d'achever un plat sucré comme Brillat-Savarin, voire de filer une anecdote avec autant d'aisance qu'un vieux diplomate ou qu'un jeune auteur dramatique?

« Vois un peu, mon poète, tout ce que l'on apprend à tes femmes-prodiges, à présent ! Je ne parle pas de la musique ni des beaux-arts : il y a belle lurette que tes grand'mères se plaisaient déjà, assises devant la harpe ou le piano-forte, à détailler une sensible mélodie, ou bien à faire renaître sous leurs doigts, d'un pinceau délicat, la grâce de Raphaël et le courroux superbe de Michel-Ange ! Mais combien d'autres merveilles auront-elles donc ignorées, puisque voici maintenant qu'il les faut ainsi révéler à leurs arrière-petites-filles !

« Prends un programme de conférences pour cet hiver, et vois plutôt : ici, c'est l'élégance qu'on enseignera en dix leçons, ici la bonté ; plus loin, ce sera la cuisine, et détaillée, divisée en *cuisine méthodique, cuisine des dames, cuisine des pâtes et régimes ;* ailleurs encore, d'indispensables avis seront donnés touchant la *démarche hygiénique,* la *science de la respiration,* et *l'art de faire jouer les enfants...* Hélas ! que d'heures n'auras-tu point perdues dans ton enfance, malheureux, à te distraire confusément en jouant au chatperché ou à saute-mouton! Étaient-ce là des jeux honorables, et dignes de figurer dans les bons manuels de divertissements puérils et intelligents?

« Mais poursuis, butine, va de cours en cours... Dans telle salle, ces dames méditeront sur la chorégraphie, dans telle autre sur l'économie politique. Elles apprendront dans cette rue à raccommoder les éventails, sur ce boulevard à lire à haute voix, sur cette place à composer des vers. N'est-ce point assez, et faut-il les orner encore? Allons, voici là-bas une *chaire de conversation*, et je pense qu'un dîner doit être bien joli et un salon irrésistible, s'ils sont présidés par une jeune femme qui a suivi pendant deux années un cours complet de conversation!

« Mais, diras-tu, les qualités sérieuses, on les oublie? Point du tout, et il ne tient qu'à tes concitoyennes d'aller par exemple, s'il leur convient, suivre les COURS DE BONNES. Car on les leur fera, et très spirituellement : ainsi ces dames verront si Beaumarchais avait raison, et si aux vertus qu'on exige à présent chez les maîtres, il y a beaucoup de bonnes d'enfants qui seraient dignes d'être patronnes. »

LES TROUVÈRES

Est-ce un renouveau romantique? Est-ce une suite imprévue de la faveur où l'on a vu soudain monter le style 1830 et tout ce qui s'y rattache? Est-ce une simple coïncidence?... On ne sait pas, mais voici que le Moyen âge aussi nous paraît en fleur.

Mais il n'y a pas que la mode qui se rapproche du Moyen âge, et du plus charmant, du plus vrai peut-être, de celui enfin qui est né à Épinal, si ce n'est chez le confiseur, et non pas dans la terrible École des chartes. Il y a nos campagnes également où les mœurs anciennes renaissent... Ah! bien entendu, nous parlons seulement de ce qui est connu et familier : par ce mot « nos campagnes », nous voulons dire uniquement l'Ile-de-France et un coin du Valois, bref nous entendons les villages qui peuplent la province autour de Paris, nous désignons les hameaux, les bosquets, les étangs du pays de Sylvie. A chacun son métier, n'est-ce pas, comme à chacun son pays, et les traditions seront bien gardées.

Or, c'est une chose délicieuse entre toutes que de voir, — en 1911 ! les trouvères errer de bourg en bourg, de foire en place publique, de rive de Seine en rive de forêt... Mais oui, nous disons bien : les trouvères !

On sait ce qu'on appelait jadis le trouvère. C'était l'amuseur public. C'était un garçon un peu hâve, un peu boiteux peut-être, un peu manqué enfin, dont on n'avait pu faire ni un laboureur, ni un soldat ; n'ayant rien appris, il ne savait mot de latin et n'était point clerc ; un raté enfin. Alors, il s'en allait par les routes, et s'arrêtait sur les places publiques pour faire des tours et réciter des boniments, gagnant ainsi son humble vie. Mais les boniments qu'on aimait le mieux alors, comme ceux que l'on préfère encore aujourd'hui, ne croyez pas que ce fussent toujours des farces et des calembredaines : non pas, et tout au contraire, le trouvère ingénieux récitait des complaintes où il était question d'amour et de batailles, de chevalerie, de grands coups d'épée, de Maures déconfits, de dames et de vergers, de printemps, de fleurs nouvelles...

Le meilleur trouvère, celui qui gagnait le plus d'argent, celui qu'on demandait dans les châteaux, c'était le gaillard qui savait des milliers et des milliers de vers héroïques et sentimentaux. Il allait, colporteur d'émotions de choix, commis voyageur en sentiments de luxe, marchand ambulant de tendresses et d'héroïsmes. Et les manants comme les seigneurs se pressaient sur ses pas, lui donnaient sans compter le gîte et le salaire.

Or, maintenant, nous avons le cinématographe... Mais quoi? C'est exactement la même chose, c'est le jongleur à la mode de 1911, c'est le trouvère.

Un beau soir, on voit arriver sur une place de village une ou deux petites voitures traînées par des ânes ou des mulets. Aucun bruit, pas d'histoires : quelques coups de marteau seulement, et le lendemain matin, une tente est dressée, à côté de laquelle une minuscule machine semble monter la garde en faction. L'un des ânes promène une affiche par les rues du hameau. A l'heure dite, toute la population de ce coin de terre est rangée sur les bancs de bois que la tente abrite, et le trouvère commence à charmer...

Parbleu! il ne s'agit plus de réciter des vers! Chaque chose en son temps. Les poésies populaires ne sont plus aujourd'hui composées que par des artistes raffinés, pour l'amusement de deux ou trois salons exquis. La foule ne lit pas plus qu'elle n'écouterait : il lui faut des images, et le trouvère-cinématographe lui en donne sans compter... Peu ou point d'actualités, dans ces spectacles de cinéma nomade : mais des scènes d'amour et de courage, — comme dans les complaintes d'autrefois, — le petit soldat qui se fait tuer par des Boxers au pied du drapeau, l'Aiglon, l'Empereur, le grognard, puis les suaves aventures de Toinon avec son promis, la rencontre sous les pommiers (Toinon porte un chapeau bergère, et son promis est nu-tête, avec des cheveux frisés), la colère du vieux père avare (bonnet de coton, anneaux d'or aux oreilles), etc... Il y a aussi les apologues: «l'Enfant prodigue,» ou bien « Qui va à la chasse perd sa place», cent autres encore !

On aurait tort de rire. Les paysans qui vont voir ces films un peu naïfs s'emplissent l'âme de poésie. Voudriez-vous qu'on leur lût du Stéphane Mallarmé? Ils reçoivent toute l'émotion dont ils sont capables : peut-être même — ô merveille! — qu'ils y ajoutent... Gérard de Nerval prétend que de son temps les jeunes villageoises dansaient en chantant des rondes délicieuses sur les places de Senlis et d'Ermenonville. Je n'en sais rien, et ne le crois guère. Ce que par contre j'ai vu de mes yeux, ce sont deux cents paysans de ces mêmes pays rêver d'amour et de gloire en regardant le cinématographe ambulant.

Nous demandons à l'Académie de décerner l'année prochaine un prix de poésie au trouvère le plus méritant, c'est-à-dire au cinéma qui aura montré ses romances et ses chansons de geste sur le plus grand nombre de patelins en nos provinces. Rien ne sera plus juste, ni plus joli.

LE CHICHI

« Du chichi !... Ne faites donc pas tant de chichi !... »

Y a-t-il, en effet, une seule personne qui hésite sur ce qu'on entend par « du chichi »? Naguère, les dames piquaient dans leurs cheveux mille petites bouclettes et fausses mèches : c'était ingénument bouffon, et l'on appelait ça des chichis. Employé au singulier, ce terme signifie quelque chose d'analogue. Quiconque « fait du chichi » est un gaillard qui triche un peu, ment un peu, mais surtout cherche à nous en imposer, prétend nous raconter des histoires à dormir debout, nous offusque par ses embarras, contrefait le malin, et pas bien adroitement, car son gros sac à malice apparaît tout cousu de fil blanc.

Vous voulez entendre de la musique? Vous allez à l'Opéra, un gros bœuf de ténor arrive sur la scène, arrondit les bras, lève des sourcils languissants, frappe du pied, pousse des notes extraordinaires, traîne sur un do, pleure sur un mi, s'attendrit sur un la : que de chichi, grands dieux ! Quand il serait si simple de chanter sans façon !

Vous souhaitez de voir des sculptures, de la peinture? On vous mène en face de statues effrayantes et difformes ou devant des tableaux bariolés, bizarres, sinon tout en cubes : quel chichi !

Pour vous tenir au courant des choses littéraires, vous ouvrez un livre, mais un livre qu'on vient de couronner, un livre en lequel vous puissiez avoir confiance : et aussitôt vous trouvez des « envergures vertes » dans le ciel crépusculaire, des descriptions frénétiques, des phrases à embolies, un patois de vendeur d'orviétan, des histoires psychologiâtriques : chichi, grossier chichi !

Est-ce l'amour qui vous intéresse, la tendresse, un sourire? Ah ! prenez garde, ici les séducteurs professionnels vous arrêteront : ils vous apprendront que la Femme éprouve ceci, se plaît à cela, méprise autre chose, qu'il y a une science de la séduction, que Lauzun, que Valmont, que tel ou tel encore... Que d'affaires ! Dites donc : « Je vous aime » de tout votre cœur, et à Dieu vat ! attendez la suite... Tout le surplus, en voilà, du chichi !

Mais alors, répondrez-vous, tout ne serait que chichi sur terre, ou du moins tout l'art, toute la grâce, toute la poésie, toute la « pouasie »?... Que non pas, certes ! Il suffit de s'entendre. Cueillez une fleur, et respirez-la : c'est un miracle que ce parfum, mais quoi de plus frais, de moins arrogant qu'une fleur poussée dans l'herbe du pré, et qu'on trouve par hasard sous sa main? Écoutez passer le vent dans les branches ou sur la maison, entendez comme il chante, et tout ce qu'il chante : la romance ici n'est pourtant pas compliquée, et néanmoins, quel musicien, quel poète auront pu nous en dire aussi long?

Tenez, faites mieux : voici le jour de l'an, la Noël, les journées courtes, le froid, la pluie, peut-être bientôt la neige. Demeurez au logis, plongez-vous dans votre meilleur fauteuil et prenez un album, un simple recueil de ritournelles du temps jadis. Vous trouverez là des complaintes séculaires et des refrains bien connus, *Amaryllis*, *En passant par la Lorraine*, *les Trois Princesses*, etc. L'auteur de ces frissons d'amour, de ces murmures d'abeilles, de ces chuchotis du soir ou de l'aube? Mais est-ce qu'on sait?... Cela rime à peine, les mots se suivent à cause de la ressemblance qu'ils ont et de la musique qu'ils font entre eux, plutôt qu'en raison du sens qu'ils présentent. Il y a des *eho* ! des *tout doux, et iou* ! des *dondaine* !... Un petit gars, par un beau jour, dut machinalement fredonner la meilleure de ces chansons, qu'il composait vaguement, en poussant devant lui les cailloux sur la route; et quelque fileuse à demi-somnolente inventa la plus tendre, sur la mesure que lui battait le grillon du foyer.

Feuilletez cet album-là, je n'en dirai pas plus : la dernière page tournée, vous croirez avoir fait la moisson, foulé la rosée, suivi l'orée du bois, passé le ruisseau; vous aurez entendu le chevalier du guet siffler son air, une rose entre les dents, et Manon Lescaut lui répondre en sourdine, en sa maison de la Grange-Batelière... Et tout cela pour quelques mots assemblés au hasard, par n'importe qui, on ne sait où... Seulement, et voilà tout le secret : pas soupçon de chichi dans les refrains de la rue et des champs !

« Mon esprit, disait — ou à peu près — Stendhal, n'est plus disposé qu'à inventer de l'ironie, dès qu'il aperçoit quelque trace d'exagération. » Parole admirable ! Pour la mettre tout à fait à notre goût, il conviendrait seulement d'imprimer « chichi » à la place d'exagération. Bref, déclarons bien net que tout ce qui est à effet répugne au délicat. « La phrase *je t'aime*, s'écria Théophile Gautier, ne me paraît sincère que si elle est écrite avec un *h* ! »... Assurément ! Mais si l'*h* a été mis à dessein, il faut renvoyer la dame aux cuisines — quand même elle aurait des bas bleus !

❖

CHAALIS AU BOIS DORMANT

Mme Edouard André a donc légué son admirable domaine de Chaalis à l'Institut, qui sera bientôt l'un des plus importants châtelains de France.

Chaalis, dira-t-on, mais où donc est-ce situé, ce Chaalis?... Ah ! voilà, les Français ne sont pas forts en géographie. C'est qu'ils ne lisent pas assez les contes de Perrault... Car il y a tout, dans Perrault, toute l'Ile-de-France, le Valois, le Poitou, la Touraine. Le *Petit Poucet* se passe en Lorraine, j'ai reconnu ses forêts. *Riquet à la Houppe* a lieu dans les bois de Versailles : c'est un conte de cour. L'apologue des *Fées* nous conduit près des puits banaux que l'on trouve en Bretagne. Les châteaux surtout sont d'une étonnante précision : qui n'a vu Amboise et sa tour dans *Barbe-Bleue*; Chambord vers lequel courait au grand galop le beau carrosse de Cendrillon; et l'immense Fontainebleau d'où s'enfuyait Peau d'Ane par la petite porte du parc. Il y a aussi le château du marquis de Carabas, mais il est en Espagne. Enfin, nous savons que celui de la Belle au Bois dormant, c'est fort exactement Chaalis.

Toutefois, il faut connaître comment on parvient à Chaalis. Il y a une méthode pour aborder ce lieu mystérieux. Parbleu ! si vous venez par la grande route, par n'importe quelle sotte voie départementale, comme cela c'est manqué, c'est inutile, c'est même triché : vu qu'il convient d'observer les règles du jeu, on ne doit pas piper les fées, on ne doit pas même les troubler; ce sont personnes maniaques et anciennes, qu'un rien dérange, et que tout effraye.

Mais il convient de faire seller un cheval, et de

partir de Chantilly... (Quoi, vous ne montez pas à cheval? En ce cas, tant pis, le château de la Belle au Bois dormant ne sera pas pour vous...) Une fois en selle, vous traverserez les bois, ou plutôt le parc ouvert de Chantilly, puis la bruyère et les sables de la Butte-aux-Gens-d'Armes; après quoi vous entrerez sous les noirs sapins de la forêt d'Ermenonville, vous cheminerez longuement, longuement, à travers les halliers, les déserts et les dunes feuillues, vous sauterez un pavé du Roi — celui d'Avesnes, — prendrez un chemin creux, passerez par des landes surprenantes, et alors enfin, alors seulement vous serez à Chaalis.

Comment, demanderez-vous, c'est cela, Chaalis? Une barrière, une grille, un écriteau : « Défense de passer »?... Allons, poussez encore, vous apercevrez de loin des pelouses, un étang, les ruines splendides d'une grande église, où sans doute nichent tous les hiboux du département, si de défunts évêques n'y reviennent présider des conciles au clair de lune... Cependant, on se plaindra, on insistera : « Nous ne pouvons pénétrer dans le parc, nous ne voyons rien, ce domaine est clos, c'est un abus, à peine si l'on peut deviner le château... » Évidemment, puisque l'on vous répète que c'est celui de la Belle au Bois dormant. Prétendez-vous y déjeuner sur l'herbe?

D'ailleurs, c'en est fait du mystère, hélas ! Mme Edouard André a laissé son domaine à l'Institut : il ne pouvait échoir à de plus pieux conservateurs, qui le préservassent avec un soin plus délicat ni plus fidèle. Cependant, on va désormais le visiter, l'accès en sera aisé, sinon libre. Une route, qui passait en vue de la maison et des ruines, pourra se trouver rouverte au public. La Belle au bois se sera réveillée, mais toute seule, malheureusement, et sans le moindre Prince charmant : si bien qu'elle aura fui... Tout s'en va.

Et pourtant, non. Un conte perdu, deux retrouvés. Exemples : on a parlé jadis, dans une chanson nommée *La Tour prends garde !* du « duque de Bourbon ». C'était un personnage considérable, en réalité, que ce « duque de Bourbon » : il habitait à Chantilly, tenait le parc, la forêt, tout le pays, jusqu'à Ermenonville, et jusqu'à Chaalis... Eh bien ! mais ce « duque » de la complainte vit encore : c'est l'Institut, seigneur des mêmes domaines, à Ermenonville près.

Et quant au marquis de Carabas, en vérité, c'est encore l'Institut bel et bien ; ses castels, aujourd'hui, ne s'élèvent plus en Espagne, certes, mais chez nous, dans la jolie France : ce sont Chantilly, Langeais, Chaalis. Le Chat Botté s'y perdrait.

Aussi bien faut-il nous féliciter qu'il en soit ainsi. L'Institut ne connaît peut-être pas parfaitement bien ses domaines : ils sont trop, et voici maintenant que s'y joignent des bibliothèques gigantesques, comme la Lovenjoul ! Mais du moins les garde-t-il avec

amour, et pour très longtemps, sinon pour toujours...
Quelques rêveurs seuls regretteront l'exode de la Belle
au Bois dormant : ils n'ont d'ailleurs qu'à la suivre, ils
sont là pour ça.

❖

LE FAMEUX « BOULEVARD »

« — Ah ! jeune homme, si vous aviez connu ce qu'on
appelait, de mon temps, le boulevard ! »

Telle est la phrase décourageante qu'il nous faut
entendre à chaque instant. Et si l'on pouvait se
fâcher, encore ! Mais non : car il n'y a rien de si sympathique ni de si distingué que quiconque nous l'a
dit. C'est généralement un monsieur à moustache et
à cheveux d'argent; il porte aux pieds des guêtres
blanches, et une rosette à la boutonnière.

On l'appela jadis « le bel Un Tel », « M. X..., qui
avait tant d'esprit ». Et de cette beauté, autrefois si
séduisante, il lui reste une heureuse confiance dans les
regards victorieux qu'il laisse tomber sur tous, mais
notamment sur les passantes.

Or, l'on doit avouer que notre adolescence fut persécutée par cette phrase torturante : « Ah ! si vous aviez connu le boulevard !... » Phrase qui n'était, d'ailleurs, que le prélude d'un long développement, car le monsieur charmant se plaisait à prolonger notre supplice. Il nous montrait le boulevard foulé naguère, entre la Madeleine et la rue Taitbout, par des hommes au sourire sardonique et plein de grâce, par des femmes aux aventures éclatantes et tumultueuses dont on parlait en faisant mille mots ravissants, par des écrivains illustres et d'émouvants artistes qui se trouvaient toujours là, sur l'asphalte, en proie à la plus romanesque oisiveté et jasant d'abondance.

Il y avait, à l'en croire, de prodigieux hommes d'affaires que l'on voyait passer en leurs coupés mystérieux, attelés de trotteurs qui éclaboussaient tout, renversaient tout. Il y avait « le petit Z... », cet éternel enfant terrible à qui l'on passait les pires incartades, pourvu qu'il les corrigeât par quelque trait de malice adorable, ce à quoi il ne manquait jamais. Il y avait les originaux, et leur drôlerie sacrée ; les risque-tout, revenant toujours du Chili, du désert ou de Chicago, et qu'on rencontrait là, devant le Vaudeville ou l'ancienne Maison d'Or ; le jeune milliardaire, perpétuellement en train de se ruiner, et qui invitait à souper tout le corps de ballet, tout le Parnasse et tout l'armorial de France...

Il y avait Tortoni, l'extraordinaire, le fantastique et l'éblouissant Tortoni, avec ses tables de marbre, derrière chacune desquelles se trouvaient sans cesse embusqués des Parisiens féroces et pétillants, qui lançaient coup sur coup des épigrammes, suivies de leurs réponses du tac au tac, le tout échangé au milieu de ce demi-silence propice, et accompagné ensuite de ce brouhaha souriant non moins que flatteur, dont on peut apprécier le bon effet au théâtre, dans les pièces parfaitement mises en scène. Il y avait les beaux équipages, les chevaux piaffant, le gaz qui se reflétait dans la boue luisante et ravissante, elle aussi, la boue de Paris, du Paris d'alors, la boue d'antan.

Hélas ! qu'il y avait de choses !... Et combien il nous en reste peu, à présent ! Quelle déconfiture ! Quelle pauvre époque ! Car il fait beau l'entendre, le monsieur aux guêtres blanches, traiter notre boulevard avec un mépris écrasant, après qu'il a si bien parlé du sien ! Le boulevard, aujourd'hui? Mais il n'y en a plus : c'est une suite incohérente de maisons à l'américaine et de magasins affreusement éclairés. Des aventuriers? On les cherche, et l'on ne sait où les trouver, puisqu'ils ne vont même plus au café, par ce triste temps. Le célèbre « petit Z... » est marié, père de famille, et son fils joue niaisement au golf, à moins qu'il ne se fasse austèrement casser la figure sur les champs de course ou en aéroplane, avec un courage

irréfléchi. L'esprit? N'en parlons plus : une méchanceté noire ou la plus lourde grossièreté, voilà ce qui
en tient lieu. La gaieté? Morte et enterrée. L'élégance?
Vous voulez rire : où sont les crinolines et les haute-
forme gris? On ne sait plus manger, à peine si l'on
a du ventre. On ne flâne plus. On boit des cocktails.
Éteints, les reflets du gaz dans la boue. Finie, la boue.
Fini, tout... *Finis Galliæ*. C'est affreux !

Eh bien ! ne nous laissons pas trop abattre, cependant. Évidemment, nos pères furent prestigieux et
spirituels, et leur petit boulevard de province avait
de quoi fournir aux commérages. Mais combien
étaient-ils à se guetter les uns les autres, dans cette
pétaudière? Quelques centaines, et voilà tout : certes,
rien ne se perdait dans ces conditions, pas même un
mot d'esprit. Que d'économie !... Allons donc, Tortoni n'était qu'un café sur le mail.

Il s'agit d'un bien autre exploit que de séduire une
élite de Parisiens, présentement. Qui prétend à faire
figure doit plaire à tout un peuple immense de lettrés,
de financiers, — que sais-je ! Notre boulevard à nous,
va du bois de Boulogne à la place de la Bastille, et
bien mieux, de Nice à Deauville : c'est un ruban de
route... Voilà un travail !

Consolons-nous, décidément. Le monsieur charmant à moustaches grises nous dit : « Si vous aviez
connu Gramont-Caderousse ! » Mais on déclarait à

celui-ci : « Que n'avez-vous vu lord Seymour et le comte d'Orsay ! » Et à ces derniers eux-mêmes : « Vous n'avez pas approché Lauzun, vous ne pouvez pas savoir ! » Nous en serons quittes pour plaindre nos neveux : « Nous autres, leur ferons-nous, qui avons été les amis de... »

Au fait, les amis de qui? demandera-t-on... Ma foi, je ne sais trop : nous l'inventerons.

❖

LE PETIT PRINCE

S'il est un titre séduisant entre tous, c'est bien celui de prince.

Et qu'on ne vienne pas nous dire que c'est un titre politique !... Ou bien, en ce cas, que l'on nous apprenne sur quel pays exactement régnait le prince des Perles, et quelles alliances importantes le fameux prince Charmant a naguère cimentées par ses mariages fameux, dont témoignent les mille et un contes de la Mère l'Oie. Nous ne connûmes que des princes, quand nous étions petits.

Il ne faudrait pas non plus essayer de nous faire

croire que c'est un titre littéraire. On en a coiffé d'excellents écrivains, qui s'en fussent bien passés. Mais vous savez ce que vaut cette couronne en papier. Un journal pose la question : « Quel est le prince des critiques d'art? » par exemple. Aussitôt le jeune Tancrède s'écrie : « Ce n'est toujours pas X..., qui est de l'Académie, Z..., qui tire à plusieurs éditions, ou Y..., qui obtient des succès dans les salons! » Et Tancrède vote pour un ami avec lequel il prend l'apéritif. Il n'y a là qu'un titre bachique.

Ne tenez même pas le principat pour un titre de noblesse, ou du moins, comme tel, il paraît bien vague. On le confère aux fils de roi, et pourtant il passe après duc. Plutôt aurait-il l'air d'un titre de courtoisie.

Ce qui compte aujourd'hui, en notre société parisienne, ce que l'on aime, ce que l'on choie, vénère et adule, c'est non pas « un », mais « le » petit prince, celui dont on n'a même pas besoin de citer le nom, celui que tout le monde connaît, celui dont les vieilles dames parlent avec des larmes, les jeunes femmes en soupirant, les vierges en rêvant; celui qui est un peu soldat ou vaguement amiral quelque part, et qui a le droit de porter un joli uniforme, avec des bottes anglaises et une épée; celui enfin qui n'est chez nous qu'en passant, mais qui reviendra bientôt cependant, on l'espère, on le souhaite, on en meurt...

En ce moment-ci même, il se peut que nous en ayons un. Nous allons le perdre, d'ailleurs. Il va regagner son pays et retrouver là-bas ses parents. Il leur rapportera un beau cordon rouge de la Légion d'honneur, que M. le Président de la République lui à donné pour le récompenser d'avoir été si sage durant son séjour à Paris.

On dit, on raconte — autant en emporte le vent d'un éventail! — que les hôtes aimables, auxquels échut le grand honneur d'héberger Son Altesse à Paris, se sont trouvés un peu surpris. Ils s'attendaient à trouver en leur hôte royal un jeune homme fougueux, comme tant d'autres, et voiie turbulent, l'un de ces adolescents d'opérette, curieux, mutin, étourdi comme un page, casseur d'assiettes, ou au moins de soucoupes, friand d'émotions difficiles à ressentir en sa capitale, et qu'il faudrait sans doute discrètement, mais assidument surveiller à partir de minuit, afin qu'il ne redescendît point l'escalier, ses bottines à la main...

Cependant, que virent-ils s'asseoir à leur foyer? Le jouvenceau le plus extraordinairement raisonnable et recueilli, que suffisaient à distraire les nobles manufactures de Sèvres et des Gobelins, l'austère tour Eiffel, l'Observatoire et autres attractions moins folâtres que dignes de toute estime. Ni tentative d'un incognito, même innocent, ni la moindre faiblesse, pas un péché, fût-il véniel, pas une imprudence. Chaque jour, la grave lettre aux parents; chaque soir, couché à dix heures; et si quelqu'un, une miss insignifiante, se fût seulement permis d'esquisser une petite valse chaloupée de rien du tout, shocking !

Une réserve aussi suave tient du miracle.

Néanmoins, il est piquant de se rappeler la première apparition que fit ce « petit prince » au Concours hippique. Il venait d'arriver à Paris. Soudain un frémissement courut : « C'est lui ! c'est lui ! » Un jeune *boy* rose et modeste traversait en effet la piste, entre les autorités officielles. Et sur-le-champ, toutes les femmes de tomber en pâmoison, de se bousculer brusquement, de se marcher sur les pieds, et de s'attendrir, et de s'écrier, comme en pleurant : « Ma chère ! qu'il est gentil ! qu'il est jeune ! qu'il est joli ! et bien chaussé ! Des yeux bleus ! une fraîcheur ! »... Paris mourait d'amour, en avril, pour son petit prince.

Est-ce donc en avril que tombe la Saint-Joseph ?

❖

BUREAUX DE PLACEMENT

Naguère encore, nous étions fiers de nos musées. C'étaient des lieux émouvants et charmants. Nous avions le Louvre immense, prestigieux, plus riche à lui seul que vingt, que trente autres, et chargé de gloire ! Nous possédions Versailles, protocolaire et commémoratif. Nous aimions notre Cluny et notre Carnavalet, de si bonne noblesse parisienne, logés avec grâce en leurs vieux hôtels. Nous ne nommions pas sans complaisance les Arts décoratifs et le Petit Palais, les Invalides, les Gobelins, Sèvres, Maisons-Laffitte qui sera tout proche, et Chantilly qui n'est pas bien loin.

Puis il y avait les musées de province, leurs salles paisibles où le pas résonnait presque mélodieusement dans la solitude, leurs vitrines sous lesquelles, de loin en loin, dormait quelque poignant chef-d'œuvre, leurs murs défraîchis où des toiles presque vivantes souriaient et soupiraient tour à tour... Que de mélancolique douceur en ces petits domaines d'art où la beauté, délicieuse « ci-devant », s'ennuie tant, loin du Louvre !

Nous les tenions pour nos amis, tous ces musées, ils étaient l'honneur et l'une des coquetteries de notre pays, nous les chérissions, nous y songions avec tendresse. Aujourd'hui, hélas ! c'en est fait... ou du moins c'en sera fait bientôt, c'est une question d'années, de jours peut-être ; et dès maintenant, il nous est permis de dire que nos chers musées ont cessé d'être proprement des musées : leur destination est changée, en effet, et ce ne sont plus que des bureaux de placement pour les pauvres diables.

Mais, par exemple, quels merveilleux établissements

à cet usage ! De quelle prodigieuse publicité ne dis-
posent-ils pas ! Et quel éclat incroyable est dispensé
par eux aux annonces des malheureux qui cherchent
du travail !

La méthode est simple, ainsi que chacun peut s'en
rendre compte. Supposez quelque infortuné, à qui le
sort fut dur au point de le laisser sans ressources,
hélas ! et sans travail. Si le malheureux frappe aux
bonnes portes, on lui portera aide et secours, on s'occu-
pera de lui : mais enfin, peut-être pas immédiatement.
Et puis, il faut bien le dire, la misère est grande, et
quelque active se montre-t-elle, la charité ne saurait
être partout. Le pauvre diable va sans doute attendre, plus longtemps qu'il ne faudrait, l'emploi qui lui
donnera du pain, voire au besoin ne pas le trouver...
Alors, que voulez-vous qu'il fasse ? Il va dans les
musées, il se rend aux bureaux de placement.

Là, il choisit quelque bonne salle, et se place devant
un tableau bien situé, une toile très regardée, très
admirée. Puis, profitant d'un instant où il n'y a par
hasard personne, et où les gardiens ont le dos tourné,
le voici qui tire rapidement un canif de sa poche, et
vite !... il lacère la toile, la troue, la saccage en moins
de temps qu'il n'en faut pour l'écrire. Ou bien, comme
cette aimable personne, qui se signalait ainsi, un jour,
à la sollicitude publique, il peut barbouiller d'encre
une œuvre adorable. Ou encore chercher à y mettre
le feu avec des allumettes, une petite lampe à esprit-

de-vin — que sais-je! Les procédés sont innombrables : on y apportera, peu à peu, la plus gracieuse fantaisie.

Aussi bien, il n'y a pas que les tableaux, pour se faire connaître : quoique d'un maniement plus difficile les statues rendront le même service; les bibelots des vitrines également... Oh! la matière est riche, et il y a de quoi se rendre illustre. C'est le fonds qui manque le moins.

La suite, on la connaît : son exploit à peine accompli, notre pauvre diable devient célèbre comme par enchantement. Après une paternelle admonestation d'un magistrat, ou quelque examen indulgent du médecin aliéniste, le malheureux se voit rendu à la vie quotidienne, et désormais, notoire et satisfait, il ne trouve en tous lieux que gens empressés à utiliser ses talents.

Jusqu'à présent, les ingénieuses personnes qui se sont servies des musées pour faire savoir à l'univers qu'elles manquaient de travail, ces personnes habiles sont encore assez rares. Néanmoins, chaque année la méthode se vulgarise. Bientôt nous aurons un sabotage tous les deux mois; puis un par semaine, puis un, deux, vingt par jour. Les patrons, désireux d'embaucher un bon travailleur ou une dactylographe, iront se documenter au Louvre, certains qu'ils seront de ne pas rentrer sans avoir trouvé. Quant aux musées... adieu, chers musées! Vous ne sauriez durer toujours.

Il est cependant triste de penser qu'il suffirait de demander moins que rien, 50 centimes, 25 centimes, à la porte du Louvre, comme à la porte de tous les musées d'Europe, pour éviter cet odieux massacre de nos richesses nationales. En ce temps où la beauté semble si heureusement protégée partout, ne se trouvera-t-il pas un ministre, un sénateur, un député, pour faire sienne une si jolie cause?

LES BELLES FRANÇAISES

Le jargon... Signalons à notre tour un délit de jargon.

Donc, c'est user d'une expression vieillie et démodée que de murmurer avec attendrissement et complaisance, en soupirant d'extase, sinon d'envie : « Ah ! les belles Américaines !... Qu'y a-t-il de plus éclatant, de plus sain, de plus splendide qu'une belle Américaine !... » Phrase tout à fait ancienne, propos de 1885, jugement à la mode du président Grévy : on ne doit plus prononcer ces mots-là, qui datent terriblement. C'est du jargon, en vérité : car notez, s'il vous plaît, que le jargon ne se manifeste pas uniquement dans les mots dont on use; mais qu'il se trahit aussi par la pensée. Il jargonne, l'homme qui répète machinalement des locutions fâcheuses, parce qu'il les entend proférer sans cesse autour de lui. Il jargonne également, celui qui ressasse des pensées fatiguées, sous prétexte que tout le monde les approuve avant la moindre discussion.

Par conséquent, il ne faut pas trop pleurer d'émotion devant ces fameuses belles Américaines. Ce n'est pas, ce n'est plus la peine. Non certes que les jeunes citoyennes du Nouveau-Monde ne témoignent fort souvent de la plus éclatante beauté : nos pères, ou du moins nos frères aînés observèrent qu'elles étaient grandes, sveltes, avec des épaules larges, une silhouette à la fois mince et robuste, des airs tout ensemble de reines et de « cow's girls », ils les virent et les admirèrent ainsi naguère, au temps que nous n'avions en notre pays que des petites femmes rondes, menues, mignardes et gentilles comme des poupées. Or, telles étaient les glorieuses et vivaces transatlantiques lors du succès de Sada-Yacco, telles nous les constatons encore aujourd'hui, sous le règne de Nijinski. Elles n'ont pas changé, grâce à Dieu.

Mais à cette époque lointaine, avec qui comparions-nous les admirables New-Yorkaises et les merveilleuses de Chicago? Avec nos frêles Parisiennes, qui alors n'éprouvaient nul scrupule à se montrer san-

glées dans des corsets-cuirasses, amenuisées, pompon-
nées, poudrées de blanc et de rose, pareilles à de
mignonnes figurines, propres à mettre sous vitrine en
quelque musée du costume.

Or, en est-il de même, à cette heure? Et tout
d'abord, que sont devenues les fragiles miniatures
parisiennes? Disparues, envolées... Bien mieux, qu'a-
t-on fait des femmes de petite taille? Il n'y en a plus,
elles ont toutes grandi. La stature se porte haute, cette
saison. Une élégante, fût-elle née minuscule comme la
reine Mab, aura gagné, par des moyens mystérieux,
quinze à vingt centimètres entre 1909 et 1913.

Puis, il faut voir la surprenante génération des
jeunes filles et des jeunes femmes qui peuplent en ce
moment même les plages et les villes d'eaux, les ter-
rains de golf et les courts de tennis ! Un amateur d'art,
un curieux de silhouettes, un dilettante de la ligne,
doit courir de Suisse en Bretagne, de Biarritz à
Dinard, de Cabourg à Etretat, à Dieppe... Qu'il les
observe, nos belles Françaises, tandis qu'elles manient
le *club* ou la raquette, tandis qu'elles dansent, ou
nagent, ou montent insoucieusement à cheval : que
d'aisance, quelle grâce allègre et souveraine dans le
port, dans la démarche, dans la façon de tenir la tête
levée, sous la pluie comme sous le soleil, et de humer
la brise qui passe ! Et combien leurs gestes se dessinent
naturellement, sans contrainte et sans prétention,
avec une spontanéité délicieuse et paisible !... Elles

s'avancent pareilles à des nymphes, les agiles jeunes
filles d'aujourd'hui, les vigoureuses et sveltes jeunes
femmes, vêtues à souhait de leurs jupes claires, de
leurs vestes en vigogne d'un ton « ballet russe » et
riant au regard, riant aux éclats. Elles sont coiffées
très simplement, telles des statues de Lysippe et de
Praxitèle, on les voit ensuite hâlées, poudrées discrètement d'une poudre couleur « teint mûri en plein
vent », et non plus grimées au pastel crayeux ou rosâ-
tre ainsi qu'auparavant. On croirait que les statues
antiques de Rome ou de Naples viennent de s'éveiller, et qu'heureuses de vivre, fières, fines et pleines de
santé, ces formes divines peuplent nos plages et nos
golfs. Qu'il ne soit plus question des belles Américaines
légendaires, quand nous avons maintenant les belles
Françaises, qui leur ressemblent comme des sœurs !

Est-ce le sport qui nous a donné cette incomparable
génération? Lui devons-nous ce modèle émouvant,
à la fois mince et athlétique, équilibré, harmonieux,
parfait? Il se peut. Il se pourrait bien aussi que dans
l'avenir le modèle féminin, du moins dans les classes
aisées, devînt universellement irréprochable. Certes
les hommes se cultivent de leur mieux, au point de
vue athlétique : mais ils nourrissent maints soucis,
s'adonnent à de fiévreux négoces, ou aux plaisirs les
plus laborieux, ils travaillent, se tourmentent, se surmènent... Au lieu que les femmes, qu'ont-elles à faire
une fois terminé l'entraînement sportif, sinon d'at-

tendre en souriant que celui-ci donne tout son résultat, qu'il leur profite, les épanouisse, et les perfectionne à miracle? L'une de nos plus belles Françaises, Mlle Broquedis, qui a détenu le titre presque grandiose de champion du monde au tennis, cette merveilleuse jeune fille ne nous valut elle pas à Stockholm l'une de nos rares, l'une de nos seules victoires nationales?

Déjà, la plume aux doigts, les femmes nous menacent de se changer en poètes sensibles et romanciers mieux avertis que nombre d'entre nous. Chez le couturier et dans leurs salons, elles donnent à nos raffinés, même exquis, des leçons de goût. Voilà maintenant qu'elles deviennent athlètes et sauvent le pays de la courte honte dans les congrès olympiques... L'avenir appartient aux belles Françaises. On dit que le passé aussi fut leur propriété.

◆

LE LANGAGE DES SPORTS

L'Académie des Sports a annoncé qu'elle allait entreprendre la publication d'un dictionnaire sportif.

Rien de plus opportun : mais rien aussi de plus délicat, sinon de plus difficile. L'Académie des Sports commencera là le treizième travail d'Hercule, celui qui eût consisté à décrire, en termes exacts et appropriés, les douze autres. Eût-ce été petite besogne, en effet, pour le héros divin, que de raconter avec précision après quelles nuits d'affût il rapporta la peau du lion de Némée; par quels tirs merveilleux il abattit les oiseaux du Stymphale; comment il força le sanglier d'Erymanthe et la biche aux pieds d'airain à l'hallali courant; de quels harpons il usa pour pêcher l'hydre de Lerne dans son marais; par quels mors spéciaux il dompta les chevaux de Diomède; et les prises de lutte qui lui permirent de porter bas le géant Antée, et les bottes secrètes par lesquelles il transperça en duel la reine des Amazones, et les passes savantes qui l'aidèrent, *torero* sublime, à terrasser le taureau de Crète?... Il eût fallu tout un vocabulaire, étendu non moins que spécial, à l'athlète immortel : et l'on dit que le moindre effort de langage le fatiguait beaucoup.

Bientôt, grâce au nouveau dictionnaire, il sera aussi aisé de parler que d'entendre le langage propre à chaque sport. Mais il y aura sujet de montrer un choix très averti et bien du tact, si l'on veut éviter que ce répertoire si utile ne devienne tout bonnement un lexique anglo-français. Nul doute que l'Académie des Sports ne mène à bien cette œuvre périlleuse : s'il n'y faut que du zèle et du goût, c'est chose faite.

Que de prudence, que de méditations chaque vocable admis ne nécessitera-t-il pas ! Car sauf le langage de la vénerie, de la fauconnerie et celui de l'escrime, qui sont du plus pur et vieux français, le dialecte propre à tous les autres sports nous vient, ou plutôt nous revient d'Angleterre. Et dès lors, comment faire? S'il y a plaisir à entendre des mots séculaires et charmants, qui fleurent le terroir et le bon parler de France, comme *hère* ou *daguet*, *rembûcher* ou *clabauder*, *leurre* ou *niais*, *prévôt* ou *flanconnade*, il est certain que l'on souffre un peu pour tant de *dead-heat*, d'*uppercut* ou de *drive*, prononcés avec une ambition folle.

Si encore, en effet, chacun disait ces mots avec simplicité ! Jadis, au temps où les Français se croyaient, et non sans raison, le seul peuple gentilhomme en Europe, ils en usaient sans façon, dans leur langage, avec tous ces magots étrangers. On leur parlait de M. de Marlborough : ils en faisaient Malbrouck, et allez donc ! C'était avec la plus aristocratique bonhomie qu'ils changeaient *bowling green* en *boulingrin*, et Mme de Sévigné, qui reprochait si joliment à son petit-fils, le chevalier de Grignan, certain air « de grand seigneur et de qu'importe », n'en témoignait-elle pas, elle aussi, quand elle écrivait après cela que le jeune marquis-colonel prenait ses quartiers d'hiver à *Caseloutre*, et non pas à Kaiserslautern : à la bonne heure !... Mais nous avons perdu cet air-là, nous ne connaissons plus ces princières négligences, nous acceptons les vocables étrangers humblement et avec respect, presque avec reconnaissance, nous nous appliquons à les prononcer comme il faut. Hélas !... Et pourtant, la tradition n'est point tout à fait perdue : il ne vous faut qu'aller dans les réunions sportives populaires afin que l'on vous y parle, non pas d'un *stayer*, mais d'un *estailleur* (est-ce assez grand siècle?), et pour entendre dire qu'un boxeur se trouve *chocolat*, et non *knocked out*. Voilà du bon français, plein d'allégresse !

Cependant, l'on doit reconnaître honnêtement que bien des termes nous manquent, et que l'anglais nous les offre. Par exemple un *hunter*, un *hack*, un *greyhound*. Si nous écrivons « cheval de chasse », « cheval de promenade » et « lévrier de courses », ce seront là des expressions pâles, embarrassées, et trop longues pour être utilisées facilement. Chaque coup de golf, de tennis ou de boxe s'appelle d'une certaine façon, que l'on ne saurait changer, à moins de renoncer à se faire comprendre. Dommage seulement que nous ne soyons plus assez insouciants, assez « marquise de Sévigné », pour écrire, en robuste et radieux français, un *hontère*, un *haque* et un *gréon*; car tels seraient sans doute devenus les intrus *hunter*, *hack* et *greyhound*, polis en un tournemain à Versailles.

Souhaitons bien vivement, au moins, que l'Académie des Sports encourage autant que possible la naturalisation des termes anglais. Ainsi les joueurs de football s'intitulent eux-mêmes *footballeurs;* c'est

bien. Encore un petit effort : qu'ils écrivent *foutebal-
leurs*, que le mot prenne cinq ans d'usage — j'allais
dire de bouteille — et ce sera parfait. Les amateurs de
coursing s'appellent à merveille des *courseurs* : voilà
la bonne méthode. Mais vraiment, qu'on nous laisse
en repos avec le *footing*, par exemple, quand nous
avons la marche ! Et que l'on nous épargne le *caddie*,
au golf, alors qu'il est si aisé de demander un cadet...
Que vous semblerait-il de réclamer votre *riding-coat*,
d'un air offensé, à qui vous apporterait innocemment
votre redingote? Pour peu qu'en outre vous y met-
tiez laborieusement l'accent, vous seriez assez drôle.

❖

DU DUEL ET DES INGRATS

Paris est plein d'esprits charmants, mais injustes.
Un exemple. A peine a-t-on prononcé le mot
« duel », que de toutes parts jaillissent les épigrammes,
les lazzis, les plaisanteries inévitables, la polémique
et la controverse. C'est une source inépuisable d'inspiration pour les joutes oratoires.

Luttes délicates, tournois d'esprit ! Les plus raffinés y trouvent matière à se faire tout spécialement valoir. Ils ne tarissent pas en histoires adorables, au cours desquelles nos duellistes jouent le plus pauvre rôle. Le courage paraît aux brillants causeurs, soit comique, soit suspect. L'honneur est pour eux une carrière où l'on vivote tant bien que mal. Ils plaisantent divinement avec une ironie attique, c'est délicieux !

Les ingrats ! Ils méconnaissent le duel, qui est si utile, si pratique, ils le raillent tant qu'ils n'en ont pas besoin. Et puis, quand cette panacée peut les tirer d'un embarras, voyez-les donc courir au téléphone pour mander des témoins !

Ils me font songer à de mauvais garçons qui se gausseraient du promeneur portant quelque bon et solide riflard, dérisoire quand il fait beau. Pourtant, l'orage éclate : « Monsieur, implorent-ils, prêtez-nous donc, de grâce, votre cher parapluie !... » Les fameux ironistes, eux aussi, sont bien contents, le cas échéant, de nous emprunter notre paraboue.

Mais vraiment, on devrait les laisser sous l'averse, pour leur peine. Quiconque a fait des gorges chaudes, touchant le duel, s'en verrait privé pour un temps, ou à perpétuité. Il serait interdit de combat.

— Et que faisiez-vous, quand j'allais moi-même sur le pré ?

— Je blaguais.

— Vous blaguiez ? J'en suis fort aise... Or, voici

cependant qu'on vous a giflé?... Eh! bien, dansez maintenant.

CONVERSATION EXPRESS

« Abandonnez toute espérance, vous qui entrez ici !... »

Telle était l'inscription que Dante vit tracée sur la porte des Enfers. Elle est bien exagérée : l'Enfer du Dante n'avait rien de si affreux. On y rencontrait des poètes, Virgile par exemple; on s'y entretenait assez agréablement de politique italienne, et d'ailleurs on sortait aisément de ce noir séjour, puisque le poète lui-même en est revenu pour nous conter son voyage. Et puis, quels supplices compliqués, prétentieux !... Tout cela n'est pas sérieux.

On a trouvé bien mieux, depuis... Du moins on a trouvé plus modeste, plus ingénieux, plus joli, si l'on peut dire... On a inventé enfin les petits martyrs quotidiens, ceux auxquels nous sommes soumis à toute heure du jour et partout, dans la rue, dans nos maisons, au théâtre, aux courses, au golf, en soirée. Nul besoin d'un enfer poétique pour éprouver ces innom-

12

brables et diaboliques contrariétés, ces minuscules tortures : la vie bien simple suffit. Tantôt, c'est l'autobus qui assourdit, l'électricité furieuse qui aveugle, quelque dame qui aura mis une vraiment trop vilaine robe, ou notre voisin de table qui fait des gaffes, que sais-je !...

Mais parmi tant de tourments, il en est un particulièrement intolérable, celui de la conversation express. Vous le connaissez, vous l'avez subi?... C'est terrible. Voici comment on l'endure. Un monsieur, qui, vaille que vaille, se trouve en vos relations, vient à vous rencontrer sur le boulevard, au cercle, au bar, ou ailleurs, voire en pleins champs. Si vous le saluez avec un bon sourire, et que vous passiez sans vous arrêter, ainsi que lui-même fera, c'est parfait. Si, par contre, vous vous asseyez tous deux d'un commun accord en des fauteuils confortables, ayant l'un et l'autre des loisirs, afin de causer longuement, de débattre quelque fin problème de philosophie à la mode, ou d'élucider un point délicat de politique transcendantale, tout va bien encore...

Mais hélas ! il n'arrive le plus souvent rien de tel : ni le monsieur, ni vous, ne passez en poursuivant vos rêves ; et d'autre part, vous n'avez pas le temps de goûter sans hâte les joies d'un dialogue artistement nuancé. Aussi vous écriez-vous vivement, et avec une allégresse extraordinaire : « Tiens, vous êtes ici?... Comment allez-vous?... Quel triste temps !... » Après quoi, vous échangez au galop quelques phrases pressées sur les Balkans, sur le dernier procès à scandale, sur le fait du jour, au hasard !... Or, si le monsieur a quelque importance ou du prestige, si vous voulez briller à ses yeux, il vous faut immédiatement avoir de l'esprit, témoigner d'une intelligence étincelante ou d'une rare sagacité : et tout cela en une demi-douzaine de phrases bousculées, entre deux poignées de mains cordiales, mais distraites, entre deux coups de chapeau !... En outre, notez bien que l'instant d'avant, vous songiez à toute autre chose, par exemple à certain coup de bridge contesté, à votre chasse de la veille, à quelque émotion ravissante qui vous attend à deux pas de là... Allez donc subitement, dans ces conditions, pétiller de malice à propos de météorologie, ou abonder soudain en propos ingénieux touchant l'entente espagnole !

Cependant, il le faut... Et si la personne que vous rencontrez est une dame, il s'agit de montrer en surplus une courtoisie attentive et habile, même une grâce heureuse et toutes sortes de séductions, pour peu que la dame soit jeune et jolie. Tâchez de vous montrer irrésistible en 200 secondes ! Vous alliez votre chemin, bourgeois tranquille ; survient une dame, qui ne s'arrêtera qu'un instant : bon ! vous devez en un tournemain, nouveau Fregoli, vous transformer en Lauzun, en Clitandre, ou en Valmont... Effrayant !

Et dans les réunions littéraires, dans les salons où l'on intrigue, aux répétitions générales, vous passerez pour un misanthrope inquiétant, ou plus simplement pour le dernier des malappris, si vous ne pouvez offrir à tout venant un charmant entretien, jeté brusquement sur le feu de votre esprit grésillant, un entretien saisi tout vif, pour ainsi dire, un entretien-minute. La pièce à laquelle vous assistez, la prochaine élection académique, le dernier livre publié, ou, beaucoup plus grave encore, une indisposition du comédien en vogue, sinon le « trotteur » vert et blanc que portait l'ingénue dans la tragédie représentée avant-hier, autant de sujets sur lesquels, coûte que coûte, vous prononcerez, vous cuisinerez fébrilement quelques propos pimpants, ou troublants, ornés d'une épigramme en papillote, ou truffé d'un mot attribué à Capus, à Tristan Bernard, à Sacha Guitry, à feu Aurélien Scholl... Comme c'est facile, en vérité ! On meurt à la peine.

Il eût fait bon voir le Dante forcé de lancer un trait spirituel devant chaque supplicié nouveau qu'il aperçut dans son voyage funèbre, ou seulement contraint de bavarder poliment avec lui, en toute hâte, et talonné par Virgile qui lui eût soufflé à l'oreille : « Dépêche-toi donc !... Nous n'avons que le temps... » Telle est pourtant notre vie parisienne. L'Enfer dantesque paraît très mesquin.

LA GUERRE DES DEUX RIVES

Nous allons avoir la guerre, le sait-on?

Et, s'il vous plaît, ce ne sera point une guerre pour rire, mais une terrible campagne, et des combats au couteau, en plein Paris, d'une rive à l'autre... C'est affreux !... Car la rive gauche va, paraît-il, rompre les relations diplomatiques avec la rive droite, et l'on prétend que déjà les hostilités seraient ouvertes.

Souffrez pourtant que l'on précise. Il ne faudrait pas croire, en effet, que tous les habitants de la rive gauche, travailleurs, commerçants et rentiers, vont se ruer contre ceux de la rive droite. Non, évidemment... Néanmoins, pour être localisé ou, si l'on veut, spécialisé, le conflit ne s'en annonce pas moins atroce; car ce sont les gens de lettres de la rive gauche qui se préparent — si ce n'est déjà fait ! — à lever l'étendard contre ceux de notre bord... On concevra sans peine que nous soyons très inquiets.

Les causes de la tension, il faut l'avouer, sont graves et profondes. Avant l'été dernier, les lettrés de la rive gauche vivaient heureux, autour de l'Odéon, à l'état sauvage. Et puis, voilà que brusquement, on leur a donné des princes, un prince des poètes, M. Paul Fort; un prince des prosateurs, M. Han Ryner, et non pas des princes pour rire, mais des chefs élus bel et bien. On pourrait même parler de suffrage universel en ce qui concerne M. Han Ryner : car pour l'élection de celui-ci, tout le monde vota, même les garçons des cafés... Ce fut très émouvant.

Or, observez ici le poison de la civilisation : dès qu'ils se virent soudain ornés de princes, les naturels de l'Odéon sentirent mille démons se glisser en leurs âmes. Ils déclarèrent impétueusement la vendetta aux journaux du « boulevard », aux écrivains du « boulevard », aux auteurs souvent joués, aux chroniqueurs frivoles. Ils décidèrent que l'Art était à gauche, non ailleurs, et que quiconque mettait les pieds dans un salon ne pouvait pas savoir écrire. Enfin, ils décrétèrent la loi des suspects : « Tu ne railleras, ni ne souriras, ni n'auras un tailleur, ni un cheval, ni un chien, ni une auto, fût-elle au mois, fût-elle à la petite semaine; tu ne signeras pas dans un grand journal, tu ne connaîtras ni les succès de vente, ni les applaudissements du grand public au théâtre; et tu ne croiras pas que la vie est jolie, les amies délicieuses, leur accueil gracieux, leur maison raffinée, et tu ne le diras pas, surtout — sinon, tu seras immédiatement suspect ! Et alors, jamais, jamais tu n'auras de talent dans les petites revues !... Et jamais non plus tu ne te sentiras comme chez toi dans les dernières brasseries où l'on pense ! »

Il n'y a pas encore bien longtemps que l'attentif et

subtil Fernand Vandérem écrivit un beau roman, *les Deux Rives*. En ce livre, qui fut à plus d'un titre prophétique, l'auteur ingénieux montrait la différence curieuse, et même l'antagonisme, qui existe, dans notre Paris, entre les mœurs et l'état d'esprit de l'un et l'autre bord, plaine Monceau et quartier Latin, bois de Boulogne et jardin du Luxembourg. Depuis quelques mois, l'antagonisme est devenu rivalité, et aujourd'hui, la guerre couve. Parmi les gens de lettres, la voici qui éclate. On mobilise au Panthéon. La rue Clovis équipe des franc-tireurs. La Sorbonne contient en ses flancs des réserves. Il y a de l'état-major rue de Condé, et de la territoriale tout le long du boul'Miche.

Convenons sans ambages que ces troupes effrayent. Elles présentent un aspect redoutable. Ce sont des héros au verbe éloquent, au visage farouche, qui veulent envahir le boulevard, et emporter d'assaut nos journaux. Parfois ils ont la barbe et les cheveux hirsutes. Certains portent des pèlerines romantiques, d'autres des cravates tourmentées, beaucoup un chapeau mou, ce qui vaut mieux pour faire campagne. Ils usent entre eux d'un langage qui n'est pas toujours clair. C'est un dialecte : la syntaxe française s'y trouve réduite à l'état primitif, mais en revanche on y entend toutes sortes de mots que l'on ne connaît pas. « Comme vous avez un langage étonnant, grand'maman ! — C'est pour mieux penser, mon enfant... »

Bref, le boulevard n'a qu'à se bien tenir. Et nous ne sommes pas plus rassurés que de raison. Cependant, notons un petit fait qui pourra toutefois nous rendre un peu de courage. S'ils se félicitent de posséder deux princes, les guerriers de la rive gauche ne comptent dans leurs lignes presque pas d'officiers. On distingue bien parmi eux des caporaux, des sergents, force adjudants; mais au-delà de ce rang, il n'y a plus personne. Et vraiment les pauvres diables n'ont pas de chance : aussitôt qu'un des leurs devient seulement sous-lieutenant, bon ! il lâche sa compagnie, change de rive, et s'en vient chez nous. Faute de gradés, ils seront battus. C'est le galon qui leur manque le plus — ou le ruban. Or, voici justement le 1er janvier qui s'approche...

✦

QU'EST-CE QU'UN DANDY?

Un *dandy*, X... est un *dandy*, tel air, tel geste, telle façon de parler passeront pour très *dandy*, du dernier *dandy*... L'on n'entend que ce mot de tous côtés. Une délicieuse et très originale exposition des dandys eut lieu naguère chez Devambez. L'on voit paraître au théâtre l'illustre Henry Seymour, surnommé Mylord l'Arsouille, premier président du Jockey-Club, et prince des dandys sous Louis-Philippe, ainsi qu'en librairie une édition nouvelle, enrichie de gravures nombreuses, d'un livre qui fit naguère du bruit : *Sous Louis-Philippe : les dandys*. Déjà, le dandy figure sur les boîtes de bonbons. Nous attendons qu'un parfum s'appelle incessamment le « Mouchoir du dandy ». Bien mieux, un collégien, que j'entendis, félicitait son camarade : « Ah, tu as des cigarettes, ce matin?... Tu es rien dandy ! » Les critiques littéraires ne laissent pas d'accuser parfois tel écrivain « d'un certain dandysme »... Mais enfin, qu'est-ce donc au juste que cela, un dandy?

Question délicate. Et commençons par répondre qu'un dandy, en l'an 1913, est devenu... bien des choses à la fois. Pourtant, essayons de définir ce personnage-là.

Il était une fois en Angleterre, au temps que vivait chez nous le grand Empereur, un homme froid et insolent nommé George Brummel. Il s'habillait avec génie. Les Anglais, ses compatriotes, qui aiment les gens bien mis, conclurent que l'insolence et le flegme primaient tout, et la gloire de Brummel monta au ciel. Lord Byron s'en proclama jaloux, et je voudrais être sûr que Napoléon lui-même ne souhaita pas au moins une fois de voir le grand Dandy. Et pourtant celui-ci ne fut à tout prendre qu'un sot.

Après la disparition de Brummel, les élégants de la Restauration, disciples des disciples de l'illustre George, se nommèrent tout naturellement « dandys » à leur tour. Romantiques et anglomanes, ils se vouèrent avec une passion touchante aux courses, aux sports, comme on leur avait dit que firent ces « Corinthiens » de Londres, dont Brummel méprisait sans doute les mœurs athlétiques, mais inspirait du moins les costumes. Dans notre Paris de 1830, lord Seymour et ses amis eurent des chevaux de courses, et se dirent des raffinés, des exquis. Ils portaient avec attention des costumes dont la mode changeait sans cesse. Ils contrefaisaient, eux aussi, l'insolent, le blasé, celui qui a tout éprouvé, et qui méprise tout, sauf son coursier d'Albion. Ils s'attribuaient maints dégoûts, qui leur semblaient d'une distinction merveilleuse, et bien que le sang leur sautât dans les veines à chaque instant, parce qu'ils étaient Français, ils s'appliquaient pourtant à mettre sur leurs jeunes visages aux boucles calamistrées, un masque de morgue laborieuse et de terrible ennui. Combien c'était niais ! Mais comme c'était gentil ! Aimons ces époques naïves.

Néanmoins, depuis lors, le mot a pris un autre sens. Il a vieilli. Il a grandi. Barbey d'Aurevilly lui a donné des prétentions. Les gens de lettres ont inventé le « dandysme ». On use de ce terme pour qualifier quiconque s'adonne de tout son cœur à certain goût élevé ou noble, mais sans vouloir en avoir l'air : ceci, apparemment, parce que les premiers dandys s'efforçaient de paraître dégoûtés de leurs propres plaisirs.

Enfin, hors la critique littéraire, un dandy de 1913 est devenu un homme extrêmement élégant, dont la tenue ne va pas sans étude ni sans méditations, et qui peut s'intéresser aux plus hauts sujets comme aux plus infimes, à MM. Bergson ou Boutroux comme à Carpentier ou au prochain coursing, mais sans paraître toutefois attacher la moindre importance à ce qui l'occupe tant. Bref, c'est un dilettante qui serre les dents. On a dit que Napoléon était la Révolution bottée : nous pourrions déclarer de même que le dandy est le dilettantisme botté.

Hâtons-nous d'ajouter que la plupart des jeunes compassés de la Restauration, doivent correspondre à une définition moins compliquée. Sous Louis-Philippe, on prononçait couramment « dandy », ainsi qu'on a dit ensuite « lion », « cocodès », voire « petit crevé ».

Encore ceci : « dandy » est un mot français, s'il vous plaît. Donc, au pluriel, il ne s'orthographie pas « dandies ». On devrait même, si l'on avait quelque naturel dans l'esprit, écrire : un « dandi ».

LE LANGAGE DIPLOMATIQUE

S'il nous est permis d'oublier un instant les horreurs trop véritables des guerres et des massacres, il faut avouer que nous vivons en un temps bien favorable aux délicatesses du langage. Il n'y a gazette, revue ou feuille publique, qui ne nous prodigue chaque matin toutes les fleurs du style diplomatique.

O style exquis, style adorable, style étonnant, circonspect et imagé, où presque rien n'est appelé par son nom, langue difficile, sinueuse et délectable, qui chantera tes troublantes délices et tes nuances infinies? Qui nous expliquera la différence émouvante et profonde qu'il y a entre « l'état de guerre », par exemple, ainsi qu'un chacun s'exprime à la bonne franquette, et « l'état de belligérance », comme on imprime çà et là? Qui dira les charmes de vos voix de sirènes, ô diplomates habiles, et vous, ô journalistes officieux, ô parfaits magiciens ès lettres européennes, ô vrais poètes?

Un lecteur sans malice, un esprit simple et plein de bonhomie n'est-il donc pas émerveillé de lire à tout

instant, dans les plus humbles feuilles publiques, que
« les chances de rencontre entre certains points de vue
s'éloignent à l'horizon », que « tels ou tels privilèges
témoigneraient d'une hâte un peu trop fébrile à se
travestir en garanties », qu'il y a ici ou là « quelque
immense éventualité dont personne n'aurait intérêt
à ne pas redouter la brusque entrée en scène », ou que
« dans les milieux bien informés on s'attend à une surprise », ou que « la demi-tension de la soirée se change
peu à peu en une attitude plus proche du sourire »?
N'est-ce pas là tourner avec grâce, danser, valser
autour du pot, sauf respect?

Il est possible que nous assistions un jour à quelque gigantesque conférence européenne. Elle tranchera
toutes les difficultés, nous le souhaitons. Quand elle
aura pris fin, un banquet solennel commémorera cette
grande épreuve diplomatique : des discours magnifiques seront prononcés, on écoutera debout des
hymnes nationaux, on causera non sans une cordiale
réserve, comme il convient entre diplomates, et l'on
admirera les plus somptueux costumes de gala.

Mais, les coupes épuisées et les derniers cigares
fumés, quelque fête de nuit sera peut-être donnée.
Or, espérons que les Excellences auront alors le régal
d'un ballet : les plus fameux danseurs s'y mêleront
aux danseuses illustres, et nous voulons qu'au cours
de ce divertissement chorégraphique, intitulé pour
la circonstance *la Valse des Métaphores*, le premier

sujet se nomme *Ote-toi de là*, tandis que la danseuse-étoile s'appellera *Que je m'y mette.*

Ah ! qu'ils ont raison, les diplomates ! Il n'est que de savoir s'exprimer. Un mot bien paré sauve tout. La Bruyère nous assure que le grand Condé pouvait dire : « Je fuyais », d'aussi bonne grâce que : « Nous les battîmes ». Mais c'étaient là façons d'ancien régime, et nous ne parlons plus si franc. Imaginez-vous aujourd'hui un général usant d'un tel sans-gêne ? Le langage diplomatique ne le permet pas. « Je changeais mon front de combat », déclarerait aujourd'hui le grand Condé. Et tous les journaux publieraient le lendemain : « Le prince avait porté vigoureusement son offensive vers un autre point du champ de bataille. »

Un soir, le truculent et glorieux Barbey d'Aurevilly avait bien soupé. L'âme généreuse des bourgognes et des cognacs rendait sa démarche incertaine, si incertaine même, que le vieux connétable des lettres vint à s'étaler tout de son long dans la boue. Or, le vénérable dandy se releva couvert de crotte, et jetant un regard superbe sur ceux qui l'entouraient : « J'ai failli buter, il me semble ! » fit-il... Ce que c'est que d'employer telle formule ou telle autre ! Si M. d'Aurevilly eût modestement dit : « Je viens de tomber », il n'eût passé pour rien de moins qu'un ivrogne, pourtant !

En ce novembre où nous vivons, les formules diplomatiques se répètent si bien partout, qu'elles nous hantent à la longue.

— Monsieur, aimez-vous les œufs à la coque? eût demandé, naguère, une dame à son hôte.

Mais elle le questionnera bientôt tout autrement.

— Monsieur, interrogera-t-elle, n'auriez-vous pas tendance à porter vos vues sur des œufs qu'aucun condiment étranger n'aura pu, si peu que ce fût, maintenir en sa zone d'influence?

Et l'hôte de répondre aussitôt :

— Il se pourrait que je ne me sentisse pas absolument éloigné d'envisager la possibilité de vous donner incessamment, madame, une réponse qui ne sera pas défavorable.

Comme en termes heureux ces choses-là seront définies !

Quelque jour un jeune homme tiendra de brûlants propos à sa fiancée :

— Mademoiselle, m'aimez-vous?

Ah ! quel style rustique ! Mieux instruite par la lecture quotidienne des négociations européennes, la demoiselle répondra plus délicatement :

— Il ne vous est pas défendu, monsieur, de supposer que nulle objection formelle ne me contraint à vous laisser penser que non.

Voilà qui est parler, au moins, et notre époque est bien jolie, qui trouve de ces gentillesses !

L'ÉLÉGANTE GASTRONOMIE

Croirait-on que la gastronomie redevient certainement à la mode?... Ce n'est encore qu'un indice à peine sensible. Toutefois l'on observe à des riens, çà et là, que les personnes du bon ton commencent à s'apercevoir de ce qu'elles mangent. Il est assez comme il faut d'aimer autre chose que des œufs sur le plat, ainsi que l'on faisait naguère, et de ne plus se nourrir exclusivement de légumes ou de pâtes.

Au restaurant, une femme élégante exigera sans nulle gêne une certaine sauce, tel ou tel coulis; elle pourra même pousser le raffinement jusqu'à demander un bourgogne dont il lui souvient; et son compagnon, d'un air toujours un peu dégoûté — il le faut bien! — mais non sans quelque secrète gourmandise néanmoins, insistera parfaitement à haute voix auprès du maître d'hôtel, afin que sa côtelette d'agneau soit plus ou moins parfumée, et son canard amené au point de cuisson au delà duquel il ne s'appellerait même plus un canard... Nous assistons au renouveau d'une ancienne délicatesse : c'est l'avril d'une mode nouvelle.

Elle est charmante, et concorde à merveille avec nos goûts de 1913. Nous sommes vraiment très Directoire, très Consulat. Voyez les robes des femmes, les chapeaux, les coiffures ; je ne dis pas que chacune de ces merveilles ressemble fil à fil à un modèle de 1796 ou de 1800 ; mais l'ensemble assurément évoque cette époque hardie et savoureuse.

Nous avons des compagnes très sport, très « jeux olympiques », comme sous le règne de Mme Tallien : nos muscadins et nos incroyables partiraient volontiers demain pour l'armée d'un nouveau Masséna.

En littérature, qu'aiment surtout nos petits maîtres ? Le goût classique, les jardins français, les vases et les trophées, les cippes et les bosquets, non sans un rien de romantisme qui perce çà et là : bref, le style Empire naissant. Quant aux bibelots, lesquels recherchons-nous surtout, — outre ceux d'Orient — sinon les babioles que Mme Récamier en sa fleur eût pu toucher de ses doigts ? Dès lors, faut-il s'étonner que nous en revenions aussi à cette complaisance envers les œuvres de cuisine, dont les premières années du dix-neuvième siècle furent l'âge d'or ?

C'était un travail d'art, en ce temps-là, que de manger. Quiconque voulait faire un dîner parfait, s'en allait au Palais-Royal. Le plaisant lieu ! Que l'on se figure ce que seraient à la fois la rue de la Paix, le boulevard des Italiens et un peu du bois de Boulogne, le tout enfermé sous des arcades éclairées par de grandes lanternes — un luxe éclatant, à cette époque ! — et bordant un vaste jardin orné de parterres, des allées en charmille, un vrai parc de Watteau.

Imagine-t-on cela : toutes les boutiques les plus choisies, marchandes de frivolités et fournisseurs très recherchés, autour d'un parc où l'on trouvait plaisir à s'attarder?... Les restaurants illustres de Paris se trouvaient là. Aussi un jeune homme du suprême bon ton démontrait-il alors la furieuse délicatesse de son âme en sachant repousser ou comprendre un salmis. C'était tout naturel. Par goût de la tradition, reviendrons-nous à ces mœurs?

Peut-être... Entrez au restaurant, présentement, et considérez les tables : vous y verrez d'excellentes bouteilles, précieusement couchées dans leur berceau d'osier; et c'est à peine si vous y remarquez, de loin en loin, quelque malheureux condamné au macaroni. Or, veuillez vous rappeler que, voici quatre ou cinq ans, il y avait on ne sait quoi d'exquis à se dire voué aux pâtes, et forcé de se mettre à l'eau : mais nous avons changé ces fadaises. Jolie année que 1914, où il sera bien vu d'avoir un estomac de bronze et l'appétit heureux !

Ajoutons toutefois que jadis, au Palais-Royal, il y avait aussi des maisons de jeu : quiconque avait bien soupé, s'en allait ensuite perdre sa fortune dans la maison voisine. Ne pleurons point les maisons de jeu : elles étaient fâcheuses, et causèrent plus d'un drame.

Pourquoi les regretter, d'ailleurs? N'avons-nous pas trouvé mieux? Dès que dix personnes tant soit peu notoires s'assemblent maintenant pour dîner finement, elles conviennent au dessert de décerner un prix littéraire. Voilà qui corse l'entremets, j'espère.

L'Académie Goncourt n'a point d'autre objet. Un jour les Quarante-Cinq feront mieux encore. Je ne sais si le comité du prix *Vie heureuse* dîne tout en disputant touchant le mérite de ses candidats : il le devrait; du moins prend-il le thé, sans nul doute. L'Institut seul jeûne en consacrant autrui : ce scandale ne saurait durer.

Peut-être, en l'année qui vient, aurons-nous une surprise : soucieuses de flatter le goût tout nouveau de leurs hôtes, les maîtresses de maison enverront le menu proposé, en même temps que l'invitation. Puis, sur un coin de carton au lieu de : *On dansera*, ou bien de : *Comédie*, elles feront graver : *On couronnera un poète, un romancier...* Et la France heureuse, verra chaque jour, ainsi, se lever un nouveau génie.

***

CHRISTMAS EN FRANCE

Dans toute la France, on fête bonnement la Noël. Mais en un coin du Valois, à Chantilly, l'on célèbre Christmas : et ce n'est point du tout la même chose.

Dites « Noël », et vous songez au boudin joyeux, aux souliers dans la cheminée, à une petite cérémonie gentille, prélude aimable du jour de l'an. Au lieu qu'il vous suffit de prononcer « Christmas », pour évoquer le pudding émouvant, le baiser sous le gui pendu au lustre, cent mille cartes de *Happy Christmas* qui volent par le monde, un gala troublant, mi-souriant, mi-solennel, après lequel ce n'est plus rien du tout que ce fade premier jour de l'année, date insignifiante.

Or, à Chantilly, Christmas prend l'importance d'une fête nationale. Plaignons les autres citoyens français, qui doivent se contenter, outre les jours fériés, de leur pauvre et unique 14 juillet ! Le peuple chantillois, plus magnifique, compte pour sa part trois grandes fêtes nationales, à savoir : la Saint-Hubert, Christmas et le Derby. Ceci, sans préjudice des autres fastes du calendrier, des réjouissances foraines, et enfin des principales occasions officielles de jubilation britannique, telles que le couronnement du souverain et ami, son anniversaire, sa convalescence en cas de maladie, la naissance de ses neveux, petits-cousins, etc. Il n'y a pas souvent de grèves à Chantilly, mais cela se comprend : les grévistes ne sauraient quel jour chômer.

Donc, c'est grande liesse et branle-bas de cuisine, sur l'ancien domaine de Condé, pour Christmas. La gare est encombrée d'envois comestibles et de paquets appétissants. Les puddings arrivent d'Angleterre par douzaines, et les bourriches ne se comptent plus. Pas une auberge qui n'illumine, et dans les moindres boutiques on met à l'étalage les marchandises de gala. Le gui national se balance au plafond chez MM. les entraîneurs, et le champagne y coule à flots pendant toute la semaine; il faut dire que ces messieurs font tous partie de quatre ou cinq familles; il y a vingt ou trente cousins dans chacune; or, vider une coupe en l'honneur d'un parent, le jour de Christmas, c'est la moindre des politesses; et l'on aurait mauvaise grâce à ne point la rendre, fût-ce trente fois de suite, et dût la courtoisie familiale vous faire voir finalement deux cousins où il n'en est qu'un.

Le peuple innombrable des lads célèbre aussi Christmas. Il envoie des cartes postales aux parents de là-bas, tout d'abord. Seulement, n'est-ce pas? en France, on prend ce qu'on trouve : et Kate ou Mary recevront, au delà de la Manche, quelque vignette étonnante, achetée chez l'épicier, et sur laquelle on verra, par exemple, la tête d'un monsieur avantageux à la moustache en croc, avec cette légende aimable : *Bonjour, comment allez-vous?* Kate ni Mary ne reconnaîtront la petite trogne rougeaude de Fred, ou de Tom : mais n'importe, le cœur y est, et un cœur de Christmas, bien plus tendre que celui des autres jours. Allons ! le cher enfant n'oublie pourtant pas le pays, malgré toutes ces grenouilles qu'il dévore à chaque repas chez les Français frivoles !

'Aussi bien, comment le pourrait-il? Malgré le souvenir des Montmorency, des Condé, malgré la grande mémoire de La Bruyère, l'empreinte immortelle de Le Nôtre et le sourire toujours présent de Sylvie, Chantilly, pendant la semaine de Christmas au moins, se trouve en Angleterre. Pour peu qu'il y ait un peu de neige, ou beaucoup de brouillard, et qu'il fasse bien froid, nul ne se défendrait d'y évoquer les jolies scènes de Cecil Aldin; en passant parmi les arbres devant tous ces cottages, dont les rougeoyantes fenêtres illuminent la nuit d'hiver, ne croyez-vous pas, au travers, apercevoir le pudding flambant que l'on apporte sur la table, aux acclamations de toute l'assemblée, cependant que deux jeunes fiancés, très 1840, se serrent à la dérobée la main derrière leurs chaises, et que l'ancêtre en habit bleu barbeau se prépare, le verre levé, à porter le toast à Sa Majesté?

Et le lendemain matin, quand les gracieux chevaux de pur sang s'avancent de tous côtés par les avenues, en longues files, montés par tous ces lads expédiés à Chantilly de tous les comtés de la Grande-Bretagne... Il faut se méfier toutefois. Avant-hier, nous remarquâmes l'un de ces petits singes accroupis sur une ravissante jument à col de cygne : sans nul doute, il avait débarqué de Douvres le matin même. La casquette enfoncée jusqu'aux yeux, les oreilles décollées, les genoux au menton... un vrai damné lad, réellement ! Néanmoins, se tournant vers son camarade : « Pécaïré ! s'écria-t-il avec le plus pur accent de la Cannebière, elle s'endort, cette jumeïnt... »

Il était de Marseille !... On a bientôt fait d'aller en Angleterre quand on arrive à Chantilly ; mais on en revient aussi vite.

LA CRISE DE COMPÉTENCE

L'autre année, aux premiers jours de l'an 1912, Paris était, comme à son habitude, une ville active, souriante et un peu folle. Consulté sur l'état d'âme de nos concitoyens, un docteur eût répondu : « Peuh ! ce sont de braves gens, au fond... Mais c'est frivole, vous savez, ça ne pense qu'à rire, à jouer, à se moquer... Nulles préoccupations sérieuses, aucune réflexion grave en tête, pas d'idées générales... Des enfants, quoi ! »

Combien eût changé cette année, l'opinion sévère du docteur ! Il faut avouer que Paris présenta, en ce 1913, un spectacle bien consolant. Où sont-ils, ces esprits légers qui, jadis, songeaient aux mille incidents menus du monde et du boulevard, commentaient les puérils divertissements du théâtre, des music-halls, réfléchissaient sans répit au sujet des migraines de Mlle X, de l'Opéra, sinon des impatiences de M. Y, de la Comédie-Française? En ce temps-là, l'on méditait sur les courses de Nice, le polo de Cannes, les chasses de Pau. L'on estimait le nombre de skis nécessaires pour aller à Saint-Moritz... Ah ! que nous fûmes loin de ces futilités !

Il y eut quelque chose de réconfortant et de doux à constater le miraculeux bouleversement qui s'est produit dans nos conversations parisiennes. Entriez-vous dans un salon ou dans un restaurant et prêtiez-vous l'oreille? Vous n'entendiez que phrases austères et propos considérables. Des mots exempts de tout badinage frappaient seuls vos oreilles. Ce n'étaient que : Bulgarie, alliés, grandes puissances, mobilisation, démobilisation, remobilisation, crédit et millions en réserve, conseils de prudence, instructions de Constantinople, équilibre des nations... Peste ! Où sont nos étourdis d'antan? L'emploi de Parisien, naguère, nécessitait quelque toquade et ce que Mme de Sévigné appelait du « Qu'importe !... » Bref, il y fallait un danseur : mais à présent, c'est un calculateur qui l'obtient.

Et ce n'était pas tout que d'ouïr de toutes parts ces discours émouvants et terribles ! Il y avait plaisir, en outre, à considérer de quel ton ils étaient prononcés, ainsi que les gestes, les mines dont on les accompagnait. Que de douce certitude, que d'assurance touchant l'économie politique, quelle ample documentation au sujet des intentions mystérieuses de telle ou telle nation, quelle compétence merveilleuse enfin ! Où diable nos concitoyens s'étaient-ils si rapidement instruits de la sorte? C'est admirable !

Demandez à celui-ci près de vous, ce qu'il pense de l'Autriche. Il le sait. Il ôtera son cigare de ses lèvres, lancera une dernière bouffée, et vous répondra sans tergiverser : « L'Autriche est une corneille qui abat des noix. » Et voilà. Si vous insistez, d'ailleurs, il vous donnera toutes les explications que vous voudrez : car il n'ignore ni les vœux les plus secrets des archiducs, ni les moindres vicissitudes de l'opinion dans les derniers cantons de Bohême ou de Hongrie, ni, à un centime près, l'état des finances de l'Empire. Pour l'Allemagne, la Turquie, l'Italie, la Bulgarie, la Serbie, même science imperturbable. Des jugements lapidaires : « La Bulgarie se moque de vous et de moi. Pendant ce temps, l'Allemagne croque le marmot, cependant que l'Angleterre se chauffe les pieds bien tranquillement en attendant les événements. »

Dieux justes ! quels juges impressionnants et renseignés sont devenus les Parisiens ! La nuit du réveillon, il nous souvient d'en avoir entendu deux, vers trois heures du matin, qui, coiffés d'un chapeau en

papier, et brandissant des mirlitons, se confiaient
l'un à l'autre : « Il n'y a qu'à supprimer Constantinople, c'est tellement simple ! » Après quoi, ils burent
un peu de champagne, mouillé de beaucoup de
whisky.

En visite, c'en est fait des conversations à propos
de riens. Le bon ton veut que l'on se penche parfois vers sa voisine en murmurant, d'un air excessivement fin : « Guillaume... Victor-Emmanuel... Fer-
dinand... Georges... » Ce sont les rois et les empereurs.
Mais on les connaît. Il y a belle lurette qu'on les a
pressentis, jugés et percés à jour. De plus, on est au
courant de certaines intrigues, comme vous pensez !
Aussi est-ce bien le moins que l'on se montre un peu
familier, parbleu... La voisine éblouie n'en concevra
que de l'estime, sinon davantage. Même, il ne sera
pas défendu d'exciter sa jalousie :

— Elle est si négligente, la pauvre, fera-t-on, et
toujours noyée dans ses rêves... Je l'avais bien dit,
qu'il en adviendrait mal pour elle...

— De qui donc parlez-vous? demandera la voisine,
déjà intriguée peut-être.

— De la Sublime Porte, madame. »

Il n'est jamais déplacé de former des vœux bienveil-
lants. Souhaitons donc aux Parisiens que leur compétence, écrasante autant que subite, se trouve précisément démontrée par les faits. Que la paix générale se
fasse, afin de justifier leurs savantes prévisions.

Et ceux, nous direz-vous, qui auront prédit la guerre universelle?... Eh! bien, ceux-là déclareront: «Je le savais, mais je ne voulais pas avoir l'air, je voulais exciter, encourager nos compatriotes...» Ou toute autre excuse qui sera toujours bonne, pourvu qu'elle soit formulée avec décision, certitude et autorité, avec compétence enfin; grâce au ciel, c'est l'air compétent qui nous manque le moins.

◆

UNE IMAGE D'ÉPINAL

Quand les boutiques du jour de l'an s'en vont ou sont parties, pareillement les beaux albums d'étrennes font place, chez les libraires, à toutes sortes d'ouvrages qui pourraient être sérieux. C'est fait de la tranquillité des enfants et du plaisir des parents : les gosses se seront divertis durant une quinzaine avec leurs jouets nouveaux; ils vont maintenant redevenir inoccupés, et retourner à leurs sujets favoris d'amusement, à savoir le feu, les couteaux, les allumettes, les becs de gaz, si jolis à tourner sans bruit, les épingles dont on fait des dînettes, les encriers que l'on vide délicatement sur le tapis, et autres ravissants badinages.

Comment aussi voudrait-on que les pauvres petits se pussent longtemps intéresser à tous ces jouets si... mécaniques dont on leur fait présent, comme aux volumes splendides, mais bien compliqués, qui leur sont destinés vers le 1er janvier? Ce ne sont, quant à ces derniers, que récits pleins d'une sournoise géographie, leçons déguisées d'histoire de France, petits romans bourrés d'intentions et d'arrière-pensées, le tout édité avec une telle magnificence qu'on en a presque peur.

Est-ce qu'il ne se fait donc plus de braves bouquins à la bonne franquette, d'albums à quatre sous, ni par exemple, d'images d'Épinal? Croit-on que les enfants seraient si grands seigneurs que de les mépriser? Les meilleurs jeux sont les plus simples, et il nous souvient d'avoir adoré pendant de longues années un vieux recueil d'images à un sou. On pouvait du moins le feuilleter sans crainte, celui-là, le bousculer, le déchirer, le repeindre même, à la bonne heure! Et quelles histoires merveilleuses! Il y en avait plus de cent : contes de fées, aventures étonnantes d'explorateurs, d'inventeurs et de héros divers, contes exemplaires, *le Bon Pierre et le Méchant Amédée*, vies des hommes illustres, Pie IX ou le général Hoche, tableaux inoubliables de l'existence des champs ou des bois, des montagnes ou de la mer...

Je crois revoir encore l'image qui décrivait le pur bonheur du berger dans les Alpes, avec son chalet de bois, ses vaches ornées de sonnettes, les chamois qui sautaient, là-bas, sur les rochers... Et Yvon le pêcheur, combien je l'aimai ! Il portait de longs cheveux, des braies et le chapeau breton. On le contemplait d'abord tout jeune, entre les bras de son père, un solide gars de Concarneau : et déjà le petit Yvon tendait les mains vers les bateaux, il voulait devenir marin, comme tous ses parents. Puis il faisait sa première communion dans l'église de Saint-Guénolé-des-Flots, jouait ensuite avec la petite Anaïc sur la plage et le long du port. Tous deux, ils aidaient les anciens à porter les paniers remplis de poissons.

Après quoi, c'était le départ comme mousse, la première tempête au large, les voyages aux tropiques et dans les îles désertes, le service dans la flotte, où Yvon gagnait des galons, grâce à sa belle conduite. Cependant il n'avait cessé de songer à Anaïc, qu'il retrouvait jeune fille, exquise, grâce à son tablier bleu-ciel, sa robe noire, et sa coiffe bretonne. Il devenait à son tour patron d'une barque nommée la *Korrigane,* opérait des sauvetages émouvants et des pêches miraculeuses, enfin il épousait Anaïc, dont il avait des bambins superbes, à qui bientôt il apprendrait le glorieux métier paternel... Ah ! la touchante histoire, et qui peut-être décida la vocation de plus d'un matelot en herbe, ou détermina la tendresse d'un futur ami de la douce Bretagne !

Eh bien ! mais ne saurait-on plus éditer pour les enfants de semblables recueils? On ne voit presque plus d'images à un sou, pourquoi donc? Il suffirait de reprendre les sujets d'antan : n'y a-t-il point toujours des héros et voire des fées, des hommes illustres et des explorateurs, des campagnards, des bergers, des pêcheurs?...

Des pêcheurs ! Hélas ! N'imaginez-vous pas l'existence d'Yvon le pêcheur, figurée maintenant en image d'Épinal? On le verrait, tout mioche, assistant avec son père aux conférences organisées par le politicien de l'arrondissement. Ensuite, avec la petite Anaïc, il donnerait un coup de main à de braves garçons occupés à renverser dans le port, sous la haute direction d'un apprenti député, les paniers de poissons ramenés par des camarades dissidents.

Puis, sa vie active de pêcheur commencerait : c'est-à-dire que, poussé par quelque vaillant envoyé de la C. G. T., Yvon se rendrait aux meetings et aux cours socialistes; il fréquenterait les cabarets politiques; on l'admirerait devant la porte de la mairie, houspillant les mauvais citoyens qui ne votent pas comme veut M. le gréviculteur; on l'apercevrait enfin, fier et assuré, tandis qu'il dépose son bulletin dans l'urne...

Et la pêche, direz-vous? Patience : voici qu'un tableau nous montre Yvon sur le bord de la mer. Mais il est autour d'un grand feu, que fait-il donc? Parbleu, il brûle des filets prohibés par le syndicat! Ne remarquez-vous pas le monsieur de la C. G. T., qui semble désigner du doigt, en riant, ce beau feu de joie?

Enfin, le dernier tableau nous fera voir encore un bûcher : mais cette fois, ce sera Yvon qui aura brûlé le politicien — du moins en effigie. Ceci parce qu'il y a une justice... dans les images d'Épinal.

❖

DÉLICATESSES

Deux hommes de sport se rencontrent et causent. Ils s'entretiennent d'une grande épreuve de coursing, de la coupe de Fontenoy, par exemple. Et l'un dit à l'autre :

— Votre chien est-il bien?

— Oui, il ne venait pas mal, hier matin, à l'exercice. Et le vôtre?

— Oh ! vous savez, il est et sera toujours un chien utile. Mais je lui trouve le rein brouillé.

— Il a pourtant magnifiquement travaillé son lièvre dimanche dernier. Rappelez-vous ces quatre crochets qu'il nous a présentés !

— Mon entraîneur l'avait affûté pour dimanche. Cette semaine, la condition passe un peu. »

Or, qu'un passant distrait et frivole ait par hasard saisi au vol les répliques de ce petit dialogue, il aura sans doute pensé dédaigneusement : « Peuh ! des gens qui parlent chenil... » Voilà un jugement bien hâtif. Il n'est jamais prudent de mépriser si vite. Un curieux moins pressé, un lettré, un linguiste demandera au contraire qu'on lui explique toutes ces nuances, surpris et charmé qu'il sera par la variété infinie et les délicatesses du vocabulaire sportif. En vérité la langue des sports, toute gâtée qu'elle est par un nombre affligeant de termes anglais, mérite qu'on l'étudie : car elle est exquise en sa précision. Il ne faut qu'y faire attention.

Ainsi, remarquez que le premier « courseur » — on nomme ainsi quiconque fait courir des lévriers en coursing — n'a pas interrogé tout bonnement, tout simplement le second : « Votre lévrier va-t-il bien? » Non, il lui a dit : « Est-il bien? » Cela insiste davantage, cela témoigne plus d'intérêt, cela signifie : « Son aspect physique, son état nerveux, sa santé, la puissance et la jeunesse de ses muscles, tout cela est-il visiblement satisfaisant? » Tout habitué des champs de courses entend ce degré supérieur de curiosité, et donc de politesse, dans la question.

Le second répond, sans commentaires inutiles, que le chien ne « venait » pas mal « à l'exercice », terme moins général, moins vague, et plus vif que « à l'entraînement ». Et puis, ne croyez-vous pas voir à la fois le chien « venir » vers vous comme une flèche, sur la pelouse, pendant les galops d'essai, et aussi « venir » en forme, en belle apparence, en robustesse et en gaieté?

Poursuivons. Un chien « utile », c'est-à-dire bon soldat, toujours là, capable de gagner comme un autre, honnête champion qui ne vole point sa pâtée. Le « rein brouillé... » Expression admirable ! Devinez-vous le lévrier un peu las ou mal portant, dont le dos n'est plus dur comme bronze et courbe comme un arc, mais s'est distendu, a faibli, s'est en quelque sorte estompé? « Travailler » un lièvre signifie le rejoindre en plaine, le pousser de crochet en crochet, l'user peu à peu, réduire à rien toutes ses ruses. Un chien « présente » aux assistants les crochets qu'il contraint son gibier à faire, ainsi qu'un virtuose, dans l'arène, présente au public de beaux tours de force.

Un entraîneur enfin « affûte » un animal pour enlever une course, de même qu'on affûte un couteau, une épée, afin qu'il coupe mieux, ou qu'elle perce plus aisément. Et quant à la condition... c'est là un ensemble de nuances bien autrement subtil qu'« un excellent état de santé », n'est-ce pas? Un gaillard vous demande à la bonne franquette : « Tel cheval, tel boxeur est-il en forme? » Le connaisseur, le dilettante murmure seulement du bout des lèvres : « Condition? » On l'entend à demi-mot, on peut lui répondre, on est entre raffinés.

En vérité, le sport est une jolie chose, et l'on y parle un langage étonnamment exact, savoureux et imagé !

Lorsque les meilleurs chiens de France et d'Angleterre vont disputer un prix, nombre de curieux se déplacent à cette occasion, et les artistes, surtout, veulent voir bondir les lévriers, ces merveilles vivantes. Mais l'Académie ne déléguera-t-elle jamais personne aux coursings, afin de compléter et d'enrichir encore son dictionnaire?

◆

LE JEU DU «SILENCE ROMPU»

Parmi tant de jeux et de sports divers qui aident tant bien que mal les Parisiens à passer la vie, il en est un, et des plus jolis, et des plus délectables, dont je m'étonne que jamais il ne soit question : c'est le jeu ravissant du silence rompu.

Quand nous écrivons toutefois qu'il n'en est jamais question, cela ne signifie point que peu de personnes s'y livrent, ou qu'on le cultive çà et là, par hasard, de temps à autre. Bien au contraire, c'est un divertissement universel, encore que très délicat; et l'on prend ce fin plaisir chaque jour, ou plutôt chaque soir, à Paris, sur tous les points de la capitale.

Seulement, nul encore ne s'est avisé de le décrire, de formuler ses règles, d'établir des concours, des championnats, enfin de le codifier comme le bridge, l'escrime, le golf, le coursing, les échecs ou le jeu des des jonchets. Pourquoi donc? Il en résulte que chacun de nous s'habille tous les soirs pour aller jouer au silence rompu, mais un peu au petit bonheur : quand il serait si charmant de jouer les uns contre les autres en observant un règlement invariable autant qu'ingénieux ! On formerait des équipes, il y aurait un ou plusieurs arbitres désignés... Enfin, tout cela viendra en son temps, et par la force des choses.

On tient partout, en effet, le silence rompu pour un amusement tout à fait exquis et très savoureux, très excitant, mais à condition, bien entendu, de le goûter dans certaines circonstances, en de certains lieux, en observant diverses contraintes, et en se soumettant à telles et telles lois. Sinon, ce n'est plus qu'un délassement machinal et barbare, presque sauvage. Le beau plaisir, sans doute, que d'aller faire du bruit tout son soûl en pleine rue, au milieu des ronflements d'autobus, ou de discourir à grands éclats dans un café d'étudiants ! Voilà une joie élémentaire, populaire et sans élégance ; ce n'est point de cette liesse plébéienne qu'il s'agit.

Le véritable jeu du silence rompu ne peut avoir lieu que dans un lieu de luxe et de distraction mondaine, où les hommes se rendent en habit, et les femmes en toilette de soirée ; un lieu, en outre, où règnent un calme discret, et quelque recueillement — bref, au théâtre, car il n'y a pas de « terrain de jeu » plus favorable.

Là, une fois qu'on est arrivé, la partie commence : il s'agit de produire, de la manière la plus adroite, le plus de bruit possible. Naturellement, aucune exagération malséante, aucun ridicule tintamarre : si l'on fait scandale, on a perdu. Mais si tout doucement, peu à peu, comme involontairement, et avec une réelle politesse, on arrive à couvrir peu à peu la voix des acteurs, alors on a gagné. A chaque spectateur qui se retourne furieux, on marque un point. Un « chut » indigné en vaut deux. A la fin de la soirée, on additionne : et il y a de fameuses victoires aux points, je vous assure !

Forcément, en ce sport, certains champions triomphent par l'endurance et, si l'on peut dire, par la manière forte : par exemple, ils arrivent en retard au spectacle, s'installent longuement et avec fracas ; après quoi, ils toussent, toussent sans trêve et sans fin, toussent à rendre l'âme. Ce n'est pas mal, certes, mais quelle simplicité dans l'exécution, quelle naïveté !

A côté de ces débutants innocents et zélés, un peu primitifs, nous avons les raffinés, les grands joueurs. Ceux-là choisissent les théâtres les plus sonores, pour y donner libre cours à leur maîtrise, et les plus exigus aussi, ceux où l'on se trouve comme dans un salon, ceux où sont représentées des pièces subtiles et très travaillées, dont pas un mot, pas une virgule ne doivent être perdus. Et c'est là que par un chuchotis continu, gracieux, courtois et terrible, par des marques choisies d'approbation ou de contradiction, ces incomparables professionnels du silence rompu parviennent à empêcher non seulement tous leurs voisins, mais encore tout un rang de spectateurs et parfois une salle entière d'entendre un traître mot de la pièce : la gloire, enfin !... Dommage, en vérité, qu'il n'existe pas des tournois !

Maintenant, de mauvais plaisants ne viendront pas prétendre que ce jeu, que ce sport n'existe pas, que le tapage perpétuel et intolérable, causé dans les théâtres par les bavardages et la toux des spectateurs, est un simple produit du hasard et de la grippe courante...

Non, croyez bien que le public le fait exprès, et qu'il

s'amuse, avec un art infini, à couvrir la voix des comédiens. Tenez, en voulez-vous la preuve? Eh bien, allez donc au cinématographe; et dans ces salles parfois immenses, où nul ne parle en scène, et où par conséquent l'on ne saurait empêcher personne d'entendre, écoutez un peu dans quel profond, religieux et émouvant silence, chacun regarde se dérouler les films... Alors, alors?...

COUNTRY LIFE

Février, mars, sont les mois entre tous où mener la *country life*.

Mais il faut bien savoir ce que l'on nomme ainsi, ce que signifie exactement ce mot rare, ce mot de choix, ce mot de luxe. Il s'agit de s'exprimer avec précision, et non d'aller, au hasard, appliquer ce terme de première qualité à tel ou tel genre d'existence bon uniquement pour les braves gens sans malice, qui n'entendent rien aux raffinements du dernier joli et du suprême galant, le bonhomme Chrysale, par exemple. Prétendre que ces personnes-là, si vulgaires, mènent la *country life* — ah! fi, fi donc!

Et tout d'abord, il y a certaines époques bien déterminées pour la *country life*. Ce n'est point en été, bien sûr, ni au printemps fleuri. S'étendre sous un arbre à la chaleur du jour, écouter pépier les oiseaux et bourdonner les guêpes; se pencher au balcon sur le parc endormi, quand rêve la lune de juillet ou d'août, ou guetter au bois les premières violettes, sourire aux bourgeons roses, cueillir le muguet, s'il en reste — cela, c'est la bienheureuse, la délicieuse, la brave vie de campagne, tout simplement. Aucun rapport. Au printemps venu, les personnes qui s'adonnent habituellement, non pas aux plaisirs champêtres et bocagers, mais à la *country life*, reviennent à Paris; en juillet, ils habitent Armenonville, et Deauville pendant le mois d'août.

Gardez-vous également de penser que le golf, et voire la chasse à courre, constituent les éléments d'une *country life* qualifiée, indiscutable. S'il s'agit cependant de chasses très lointaines, en Poitou, en Saintonge, en Vendée, oui, peut-être : mais il faut alors que le pays soit incommode, dangereux et mal percé, l'animal vigoureux et rusé, très difficile à prendre, manqué d'ailleurs le plus souvent... Autrement, nul n'ignore que la chasse dans les forêts voisines de la capitale ne forme qu'une des obligations de la vie parisienne, sans plus. Quant au golf à La Boulie, Fontainebleau ou ailleurs, tenez cela pour un devoir élémentaire de bonne éducation, même de politesse, et voilà tout. Nous en dirons autant des sports d'hiver à Saint-Moritz, au mois de janvier.

Il ne suffit pas non plus de s'enfoncer dans un manoir au cœur de l'hiver et d'y regarder se consumer les bûches dans la cheminée; appelez ça vivre en hobereau, et encore !

La véritable *country life*, au contraire, se passe en des lieux divers, tantôt dans un château, tantôt dans une auberge — une auberge, s'entend, avec téléphone, ascenseur et salles de bains, — parfois même à l'étranger, si c'est nécessaire, et durant l'automne, durant les mois de janvier, février, mars, guère au delà. Elle consiste en de certains sports que pratiquent seuls quelques passionnés, quelques raffinés, par exemple chasser à courre la loutre, ou, en des départements écartés, le loup; nous admettrons un déplacement très court, une huitaine au maximum, pour aller passer quelques obstacles derrière le renard, à Pau, le temps de se casser rapidement une jambe ou un bras : rien de plus comme il faut. Notons aussi l'élevage des chevaux de courses, ou des dindons, ou des cochons illustres, ou encore le déterrage des blaireaux par les fox terriers — pourvu que ceux-ci, bien entendu, aient leurs papiers et des médailles d'expositions canines, — et la pêche à la truite enfin. On se déplace pour pêcher la truite, on passe la Manche bien volontiers.

Du reste, l'on doit aller en Angleterre à chaque instant, si l'on veut mener cette vie inimitable. C'est ainsi qu'annuellement il faut se trouver dans les plaines d'Altcar, près de Liverpool, où a lieu le grand prix du coursing anglais, la fameuse Waterloo Cup : soixante-quatre lévriers engagés — soixante-quatre splendeurs ! — le tohu-bohu des carrioles, des vieux coupés, les hurlements des books, une foule en délire, les marchands de poissons frits, de pommes de terre, les entraîneurs, les gentlemen en culottes courtes, guêtrés, chaussés comme pour la chasse, les femmes emmitouflées, l'air gelé qui vous fouette le visage trois jours durant, les lunchs en plein vent, le champagne qui coule à flots, le whisky, les *mince-pies*, *l'apricot-brandy*... Ah ! quoi de plus *country life* au monde que la célèbre Waterloo Cup ?

Nombre de Parisiennes s'y rendent assidûment. Elles vont, après ces jours de coursing, visiter les immenses chenils de plusieurs grands propriétaires, MM. Denis, White, etc. Elles admirent les grasses prairies desti-nées aux ébats des lévriers, le personnel innombrable qui les soigne, les jeunes chiens presque sauvages, et déjà vigoureux comme de puissants athlètes. Et ces charmantes « country-lifeuses » s'exclament, s'émer-veillent. Nul doute qu'elles ne soient toutes déci-dées à vivre désormais aux champs, en tête à tête avec leurs chevaux, leur basse-cour et leurs greyhounds :

— Je ferai, dit l'une, transformer en herbages le potager de ma maison, le jardin et la roseraie. Qu'a-t-on besoin de légumes et à quoi servent les roses? C'est de la littérature.

— Moi, ajoute l'autre, je me commanderai ce si joli costume tailleur, vous savez, avec une culotte et des poches à la jupe fendue, pour aller le matin voir mes *puppies*.

— Croyez-vous, demande la troisième d'une voix inquiète, que ces chiens finissent vraiment par comprendre le français? On parle si mal anglais, chez nous.

Et chacun de s'en affliger.

Voilà de la *country life*, et de la vraie, à la bonne heure... On ne s'en lasse pas.

✦

LES CHEVRONNÉS

Le service de trois ans, si patriotiquement accepté par la jeunesse tout entière, va rendre la vie à un personnage délicieux, qui avait disparu depuis quelque temps, c'est-à-dire au soldat de troisième année, à l'homme qui est de la classe, s'il faut l'appeler par son nom...

Mais non, il ne faut pas l'appeler ainsi : car ce n'est pas là son vrai nom, ou du moins ce n'est pas tout son nom. L'homme qui est de la classe... hélas ! quelle définition mesquine, simplifiée, rudimentaire même. Nous l'avons connu, jadis, nous autres, le soldat de troisième année. Il était un personnage séculaire et presque légendaire, il était... bien autre chose qu'un vulgaire homme de la classe !

Aimez-vous les vieilles chansons si pimpantes et si gracieuses, si gaies, si touchantes, si jolies? Vous souvient-il des complaintes : *Avec mes sabots, dondaine, Trois belles au verger, En puisant au puits de l'eau*, etc.?... Dans toutes, ou presque toutes, on voit se profiler le galant militaire La Ramée, Fanfan La Tulipe ou Brin-d'Amour : il s'avance au rythme du fifre, en son uniforme puce à retroussis aurore, ou blanc à retroussis d'azur; il a planté crânement son chapeau sur sa perruque amidonnée et retrousse sa moustache en croc; il sourit avec confiance, il a vu Fontenoy.

Et plus tard, qui évoquerait sans émotion le « vieux de la vieille », le grognard de Béranger, l'habit bleu par la victoire usé, puis le chevronné du « père Bugeaud », le zouave à trois poils de Magenta et de Sébastopol?...

Mon Dieu, il y aurait peut-être quelque exagération à rapprocher de ces héros notre modeste soldat de troisième année : mais un peu de patience, il n'a pas encore pu égaler ses glorieux pères, et nous verrons cela dans quelque temps. Cependant, pour qui l'a connu naguère encore à la caserne, l'homme de la classe avait bien du prestige. Rappelez vous : dès l'arrivée au régiment, le « bleu » apercevait aussitôt « l'ancien » installé, tranquille et grave, dans la chambrée; il portait généralement le galon mystérieux et vaguement imposant de premier soldat; et déjà ce grade qui en est à peine un, ce grade hors rang, lui créait une situation à part, lui conférait une espèce d'autorité morale bien plus émouvante que celle du caporal et du sergent. L'ascendant qu'exerçaient ces derniers n'était que réglementaire; celui du premier soldat provenait plutôt du consentement mutuel, il était comme plébiscitaire.

Puis, au milieu de l'agitation générale, cet ancien se montrait paisible et fort. Il avait les épaules larges, le teint fleuri, la mine assurée, le geste lent et dépourvu de toute inquiétude : il savait, il connaissait la vie, son calme était impressionnant. Il jurait et sacrait sans éclat, de la voix la plus pacifique, et se contentait de quelques ironies centenaires touchant la qualité plus ou moins fine du rata, la rituelle gaucherie des « bleus », ou le zèle de tel ou tel nouveau gradé prétendant — cette jeunesse ! — réformer le monde.

Notre ancien était un sage. Il n'ignorait point que l'on comptait sur lui pour donner l'exemple, et redresser l'alignement, si celui-ci venait à flotter sur le champ de manœuvre : et néanmoins nul projet ambitieux ne troublait son âme, dès qu'il avait allumé sa pipe, au retour, à la cantine. Pareillement, il avait dès longtemps renoncé à nos frivoles commodités civiles : et pourtant, c'était bel et bien un gaillard qui se connaissait en raffinements. Il n'était de « bleu » qui n'enviât les plis artistement formés de sa capote, et si Brin-d'Amour ou La Tulipe se flattaient de porter en bataille des tricornes irrésistibles, l'homme de la classe, par contre, n'arborait pas sans succès, sur le mail ou par les squares de la ville, deux de ces épaulettes coquettement relevées, dont plus d'un cœur rêvait longtemps.

Enfin, il avait toujours fait au moins deux fois les grandes manœuvres, sans parler d'innombrables tournées de service en campagne, des marches d'épreuve et du camp de Châlons : et voilà de merveilleux récits, voilà de quoi remplir les longues veillées ou les grandes haltes à l'ombre des chênes ! Les « bleus » pouvaient-ils donc en narrer autant, avec leurs grêles et chétifs souvenirs de brasserie ou de tennis ?

— Contez-moi vos campagnes, grand-père.

— Eh bien ! mon fils, c'était en 1892. Nous venions d'emporter un diable de patelin...

Nous entendîmes cela, nous autres, en notre temps. En 1915, nos jeunes frères poseront à leurs anciens la même question, et peut-être que le patelin emporté, alors, sera plus difficile à prononcer : il n'aura pas un nom français.

LA TANGOMACHIE

Il fut un temps où les femmes ne badinaient point. Elles frondaient : entendez par là qu'elles vous prenaient fort bien un pistolet, une courte épée, montaient à cheval, et s'en allaient escarmoucher contre le Mazarin. C'était le temps de Mme de Longueville, de Mme de Chevreuse : leurs panaches palpitaient belliqueusement au vent des grands chemins, quand elles galopaient ainsi de château en château.

Depuis lors, nos compagnes n'ont cessé de combattre, étant vaillantes et passionnées. Elles livrent même bataille à chaque instant, tant notre belle race a de sang dans les veines, et d'héroïsme à dépenser. La moindre cause les jette en état de crise et de mobilisation. Elles ont fait campagne pour Tallien, quand éclata l'heureux Thermidor. Elles ont été romantiques en 1825, pour ou contre Lacordaire, pour ou contre le philosophe Caro : se rappelle-t-on les « Carolines »? Il faut aux dames des champions qu'elles soutiennent, ou des ennemis qu'elles chargent de crimes et d'exécrations : bref, on les voit sublimes dans la guerre de partisans.

Tout récemment encore, elles levaient à chaque

minute l'étendard en faveur de leurs chirurgiens. Luttes épiques ! Duels acharnés ! Un Tel était le sauveteur du genre humain ! Non, ripostait une interlocutrice, puisque c'est au contraire tel autre : votre Un Tel à vous, madame, passe pour un homme léger et frivole, qui ne manque jamais d'oublier son porte-cigarettes dans chacune des personnes qu'il ouvre... Et l'on s'en allait fâché à mort, les yeux hors de la tête. On vivait sa vie.

Aujourd'hui, les chirurgiens ne semblent plus déchaîner d'aussi furieux combats dans les camps des dames. Mais alors, quoi? Subirions-nous la trêve déplorable, voire la paix navrante et ses monotonies? Allons donc! c'est bien mal connaître nos fières amazones. Déjà, celles-ci ont trouvé un nouveau, continuel et glorieux *casus belli* : c'est le tango. Qu'on le sache bien, les hostilités sont ouvertes dans tout Paris; les champs de bataille deviennent plus nombreux, semaine par semaine, et de nouvelles recrues arrivent chaque jour. Les tangueuses se groupaient péniblement, l'automne dernier; mais on les a comptées par centaines au 1er janvier 1913; elles se virent dix mille en arrivant à Pâques; à la Trinité, combien seront-elles?

Qu'est-ce donc en réalité que cette guerre du tango, que cette guerre inexpiable? En voici l'origine. Rien de plus simple.

Y a-t-il à cette heure une femme, une seule femme

assez étourdie, assez insouciante pour ne pas apprendre le tango? Cette danse délicieuse fait partie des obligations, on dirait presque des devoirs parisiens et quotidiens. Au mois d'août 1912, à Deauville, quatre ou cinq couples à peine le dansaient. Cet été, sur les plages, il n'y eut que tangueurs et tangueuses : on tangua partout. Les coins écartés des falaises, les bosquets secrets et les vergers charmants se peuplèrent de jeunes gens qui répétaient attentivement leurs pas, afin de ne pas se tromper le soir, au casino. Dès maintenant, laissez seule un instant une jeune femme ou une jeune fille : et bientôt, si vous prêtez l'oreille, vous l'entendez qui glisse en mesure sur le parquet. Que fait-elle ainsi? Elle travaille, parbleu, elle se remémore sa danse compliquée. Et ce n'est pas un jeu, car tandis qu'elle étudie ainsi, il faudrait, comme on dit, la regarder de près pour la voir rire. Essayez donc un peu d'entrer brusquement, et de plaisanter : vous ne recommencerez pas deux fois.

Des professeurs de tango s'établissent en chaque quartier, presque en chaque rue. Ils n'ont pas une minute à eux, donnent des leçons jusqu'à l'aube, et font tous fortune. Seulement, voilà : quel est le meilleur? C'est ici que les dames se fâchent.

— Le mien, dit l'une, est celui qui a appris à Mme X, à Mme de Z. Il n'y a que lui.

— Oui, mais le mien a rapporté son pas d'Amérique même, madame.

— Ma chère, le mien parle à peine français. Il a la figure et les cheveux bleus.

— Oui?.... Eh bien ma belle petite, le mien porte un anneau dans le nez : il ne boit que du maté, et sa nourrice était une Indienne peinte et tatouée.

— Possible... mais il ignore le vrai pas.

— Vous voulez dire celui-ci?... Tenez, regardez...

— Du tout, c'est celui-là, l'authentique : voyez plutôt...

Et toutes, aussitôt, de se mettre à esquisser un tour de jambe, un passement de pied... Le combat est commencé.

— Moi, déclare l'une d'un air sournois, je vais chaque mercredi danser à tel endroit.

— On y danse horriblement mal, affirme sa voisine. C'est le mardi et le vendredi, dans tel autre endroit, qu'il faut aller.

— Vous plaisantez ! s'écrie sardoniquement une troisième. Ne savez-vous pas que l'on ne peut réellement tanguer nulle part, dans Paris, sinon au Thé dansant, où je me rends tout à l'heure?...

Nouvelle bataille, nouvelles passes d'armes, nouveaux regards irrités.

Tudieu ! les beaux tournois !... Il n'y a que l'Académie de la danse — vous savez, ces États généraux des maîtres à danser où fut condamné le Tango — pour apprécier très peu ces luttes sans merci. Mais a-t-on vu le Congrès de La Haye goûter beaucoup les exploits des Balkans? La guerre du tango est splendide. Il ne manque qu'un poète pour la chanter.

❖

LES MATINS DU CONCOURS

Il y a certains blasés qui préfèrent le prélude à l'opéra, les répétitions à la première d'une pièce, les « à côté » — comme on dit — au spectacle lui-même. Ils ont tort, car enfin le meilleur d'une œuvre n'est point dans son début, ni dans ses préparations, ni dans ce qui doit seulement la précéder et l'environner. Le beau d'un régiment qui passe, c'est le drapeau, ce ne sont pas les fifres.

Assurément. Toutefois, qu'eût-on pu répondre au duc de Saint-Simon, s'il nous eût dit : « Vous aimez les pompes de Versailles, il vous plaît de contempler le Roi dans sa gloire, c'est parfait. Seulement, moi qui vois Sa Majesté quand je veux, j'éprouve un plaisir bien plus raffiné à m'en venir le matin, lorsque le soleil est joli et tout frais encore, gratter à la porte du souverain. Car j'ai mes grandes et petites entrées, comme vous savez. C'est l'heure du lever. Sa Majesté s'éveille, on lui passe la chemise. Elle nous parle familièrement. Tantôt, la Cour bourdonnera, mais ici nous sommes entre nous, et c'est exquis.., »

En effet, ce devait être exquis.

Eh bien, faisons un rêve, et commençons par dire qu'il est absurde, mais là, franchement absurde, ou du moins bien exagéré, si l'on peut dire cela d'un rêve... Bref, avez-vous été au Concours hippique, le matin?

Il fallait y aller. Ce sont des réunions charmantes, et l'on y songe à Saint-Simon, à Dangeau, aux marquis de l'*Impromptu*, au petit lever... ou du moins, l'on y songe, si l'on a beaucoup d'imagination : mais pourquoi n'en aurait-on pas?

Dès l'entrée, un calme délicieux surprend. On vient de quitter son auto, l'on a failli heurter un camion automobile, entrer en conflit avec un autobus, écraser des piétons inconscients; mille fiacres et taxis vous ont assourdi. Or, dès qu'on pénètre, avant midi, au Grand Palais, c'est la paix, le refuge, la douceur, le vague silence d'un cloître où il se passerait quelque chose d'important, d'émouvant peut-être...

Vous entrez, vous prenez place, et d'instinct vous baissez la voix, vous parlez doucement, et souriez de même. Un petit nombre de dévoués, de fidèles et d'amateurs sont là. Point de curieux indifférents, point de tumultueux badauds. Comme à Versailles, dans la galerie de l'Œil-de-Bœuf, on est tout à fait entre soi.

Sur la piste évoluent des chevaux d'attelage, des chevaux de selle... mais quels chevaux ! Oh, bien sûr, ce ne sont pas les bêtes champions, les héros surprenants qui, l'après-midi, vont accomplir sans faute d'intimidants parcours de chasse, ou sauter deux mètres comme nous franchirions une marche d'escalier. Mais aux séances matinales intimes, aux réunions de l'Œil-de-Bœuf, sont réservés ces animaux aux naseaux tels que les eut le coursier illustre du Parthénon, en exil au British Museum, aux yeux fulgurants et indignés, à l'encolure furieusement rouée comme celle dont feu José-Maria de Heredia eût doté les chevaux de Neptune...

Là, des trotteurs steppent à faire peur, lançant éperdument leurs genoux vers le ciel. Là se présentent gravement les hunters taillés à grands coups de hache, croirait-on, le menton sévèrement replié vers la poitrine... Et cependant, dilettantes et habitués jabotent, papotent, potinent. Mᵐᵉ de Sévigné se fût trouvée très bien au Grand Palais, de onze heures à midi; elle y eût fait seulement un peu trop de bruit.

Et les grandes vedettes, les franchisseurs de folles barrières, où sont-ils à cette heure matinale?... Eh! ils sont à l'allée des Poteaux, ils voyagent, ils battent le Bois. Ils promènent leurs chevaux de la veille. Ils surveillent les champions dans les écuries, où il y a branlebas de combat.

Avant même la séance de onze heures aux Champs-

Élysées, songe-t-on bien à la mobilisation véritable qui se produit en chaque écurie où repose un cheval de concours? Le héros est réveillé avec soin, nourri avec circonspection, dégourdi non sans art, pansé, poli, poncé, satiné, peigné, natté. On l'enveloppe enfin jusqu'aux pieds dans trente-six couvertures, et il se dirige, tenu pieusement en main vers le pont Alexandre-III, cependant que suit, derrière lui, la voiture légère à laquelle on l'attellera là-bas, d'une façon adroite autant que déférente.

Assister au départ de ce grand seigneur, c'est une émotion assez impressionnante. Regarder respectueusement son arrivée en piste, avant que de rentrer pour déjeuner, voilà également qui vous cause un petit frisson d'admiration et de plaisir...

A moins pourtant qu'il n'arrive pas jusque-là, vu qu'il pourrait s'enrhumer en route, si la matinée est fraîche, ou bien encore si son patron craint de le fatiguer, la distance se trouvant un peu longue jusqu'au Grand Palais.

LA VAGUE RUSSE

Hier soir, vers minuit et demi, une automobile magnifique se trouvait en panne devant mon logis. Debout sur la chaussée, une dame d'un certain âge, couverte de bijoux, contemplait avec dépit le mécanicien qui, aidé du valet de pied, réparait le pneu crevé, le carreau brisé, que sais-je encore !

— Madame, fis-je poliment, voulez-vous que je vous cherche un taxi ?

Mais la dame couverte de bijoux releva d'un air offensé sa tête aux beaux cheveux gris :

— Deviens-tu fou, mon garçon ? fit-elle. Crois-tu que je vais me confier, moi, à quelqu'un de ces mercenaires peut-être syndiqués, dont la Révolution a brouillé la cervelle ?...

Et comme je m'étonnais, tant de ce tutoiement que de cet étrange langage :

— Je suis Catherine II, dit la dame.

Je m'inclinai :

— Mais je croyais Votre Majesté morte depuis un certain temps ?

— Je suis morte, en effet. Pourtant, quittant parfois le séjour des Ombres élyséennes, où je m'ennuie un peu, je reviens souvent à Paris. La France me plaît. J'aime que vous soyez alliés à mon peuple. Ouvre-moi la porte de ton logis : j'y attendrai que ma voiture soit enfin réparée, et nous causerons.

Il me faut convenir que Sa Majesté se montra, chez moi, d'une simplicité charmante. Elle repoussa tous mes fauteuils, qu'elle trouvait incommodes, s'assit enfin sur mon propre lit, où elle m'ordonna d'apporter une douzaine de coussins. Puis, ayant daigné me commander une tasse de chocolat mousseux et parfumé, à la mode du dix-huitième siècle, Sa Majesté sourit avec bonté, et parla en ces termes :

— Oui, Paris me plaît beaucoup, et en cette saison surtout, il m'enchante... Toi qui vis toujours ici, est-ce que tu t'aperçois seulement que vous êtes devenus russomanes?

— Cela remonte au temps du président Faure, Majesté.

— Écoute-moi plus attentivement, étourdi ! Je ne t'ai pas dit que vous deveniez russophiles : cela, sans doute, remonte à de longues années déjà. Mais je constate que, depuis peu, vous êtes véritablement russomanes, dans le sens le plus précis du mot. Le danseur Nijinsky a merveilleusement servi ce mouvement de la mode, et mon petit-fils Nicolas devrait songer à créer un Ordre de Terpsichore : je lui apparaîtrai en rêve, pour le lui conseiller.

« Mais ce n'est pas tout : il y a le cœur russe, la

sensibilité russe, la fantaisie russe, la femme russe
enfin. As-tu observé comment les Parisiennes se
posent aujourd'hui? Elles « hanchent », ainsi que disent
les peintres, tendent à exagérer la souplesse, la grâce
ondoyante, l'abandon plus que naturel. Rien d'aussi
slave.

— Ce sont surtout les couturiers, Majesté, qui...

— Tais-toi ! Les femmes adoptent d'abord une
certaine allure, qui se trouve à la mode, et les couturiers ensuite habillent cette allure. Tu n'y connais
rien... On est à la slave, te dis-je. Vois plutôt le caractère de la femme russe : on l'a nettement défini, décrit,
on le reconnaît, on l'aime. J'ai assisté ce soir à la
Semaine folle... Ah ! mon cher enfant, les petits ency-
clopédistes n'entendaient rien à nos âmes soudaines,
où tout se passe sans transitions. Mais votre Hermant,
que les Saints protègent, a très bien compris, lui. Sa
Fédosia est admirable... Cette Fédosia éprouve cependant des fureurs absurdes... »

A ce moment, le mécanicien de Catherine II fut
introduit :

— Il faudra, dit-il en se prosternant, que Sa
Majesté prenne décidément un taxi. Je ne peux pas
réparer la voiture.

Sur quoi, l'Impératrice pâlit :

— Chien ! fils de chien ! s'écria-t-elle. Je te ferai
empaler, après t'avoir crevé les yeux et arraché la
langue !

Puis, prenant un revolver dans son sac à main, elle visa le malheureux. Mais un geste épouvanté de celui-ci l'amusa : elle se mit à rire, lui dit d'aller au plus vite chercher le taxi, et lui donna un billet de cent francs, pour sa peine.

❖

MOTS DU JOUR

Mauvais mots du jour, devrions-nous écrire.

Non qu'ils se trouvent mauvais en eux-mêmes; toutefois, ils le deviennent par l'abus qu'on en fait. Et cet abus lui-même n'est pas simple ni à la bonne franquette, mais, au contraire, d'une extrême malignité, vu que dans le premier cas il témoigne d'une réelle préméditation, et dans le second d'une nonchalance désolante, d'un laisser-aller véritablement coupable, et du plus triste mépris pour les nuances diverses, autant que charmantes, de la pensée.

Premier cas... Déclarons tout de suite, d'ailleurs, que celui-ci nous paraît irréparable, parce que l'on ne peut réagir contre une habitude, à condition, bien entendu, que celle-ci soit mauvaise : voyez plutôt ces

15.

demoiselles du téléphone, avec leur « On vous cause », quand il est si facile de dire « On vous parle »; mais en revanche, ce premier abus, pour irréparable qu'il soit, nous semble aussi beaucoup moins grave que le second, dont nous nous affligerons ensuite : et nous dirons courageusement pourquoi.

Depuis quelque temps donc, il arrive à tout instant qu'on lise dans les journaux : « La pièce de M. Un Tel sera *répétée généralement* le... » Et voici que MM. les comédiens s'accoutument, dans l'émotion inséparable des derniers bravos, à nommer leur auteur en ces termes : « La pièce que nous avons eu, ce soir, l'honneur de représenter généralement devant vous est de monsieur... » Encore, parfois, ces raffinés disent-ils : « ...d'interpréter généralement devant vous... » Généralement !

Mais *généralement* signifie *en général*, c'est-à-dire le contraire de *en particulier*, c'est-à-dire aussi *communément, le plus souvent*. Une répétition « générale » est une répétition d'ensemble, où tous les éléments de la pièce, ou plutôt des représentations futures de cette pièce, acteurs, décors, costumes, éclairage, public dans la salle, etc., se trouvent réunis. Au lieu que répéter « généralement » voudrait plutôt dire : répéter de manière à donner une idée sommaire de la pièce, un aperçu à vol d'oiseau, sans insister, en négligeant tous les détailsnt , en résumaau besoin les principales scènes. Ou bien l'on pourrait aussi entendre à peu près par là : répéter ordinairement, comme d'habitude, sans y attacher plus d'importance que ça... Or, c'est tout le contraire dont il s'agit.

Il y a, je le répète, quelque intention exécrable, de la perversité, et une noirceur d'âme singulière, à forcer ainsi et à détourner le sens des mots. On serait tout aussi indésirable si, sous prétexte que l'on dit une « édition originale », l'on s'en venait parler d'un livre « édité originalement », avec le sens de « pour la première fois ».

Le second abus... Hélas ! nous le devons peut-être au confortable, au bien-être, à la vie heureuse... Pourquoi se donner tant de mal à chercher des mots? c'est bien fatigant... Bref, il s'agit de l'adjectif « agréable ». Oh ! quelle tristesse, et qui nous délivrera de ce mot languissant? On n'entend que lui. Allez au golf, aux courses, au Concours hippique, dans les salons, dans les boudoirs, dans les fumoirs; prenez le thé, dînez en ville, galopez en forêt, jouez aux cartes, faites une visite... il n'est question que de choses qui sont « agréables, très agréables »...

Mme X... est bien *agréable;* tel pays, telle plage ne sont pas moins *agréables.* C'est plus *agréable* de se promener ici que là. Quoi de plus *agréable* que le séjour aux eaux, à la mer, que le sol d'une certaine contrée, qu'un parcours de golf entre tous les parcours de golf? Ce livre? Il est assez *agréable.* Cette pièce exquise? Soirée *agréable.* Cette conversation étincelante et pittoresque? Convive évidemment *agréable*. Cette femme merveilleusement intelligente et belle? Relation *agréable*, sans doute. L'Italie et ses œuvres sublimes? Voyage *agréable*. Une bonne auto? *Agréable*. Trois millions et des espérances? Parti fort *agréable*. Une cuisine de Lucullus, un hôtel somptueux, rien que des princes aux réceptions? Maison tout à fait *agréable*...

Il semble qu'il n'y ait plus que : 1° d'un côté tout ce qui est laid, fâcheux, détestable, etc.; et pour cela les mots ne font pas défaut, certes ! — 2° d'autre part, tout ce qui est beau, charmant, délicat, exquis, noble, splendide : or, tout ça, c'est « agréable », il n'y a jamais d'autre terme.

Je crains que cette indigence d'adjectifs sympathiques ne cache quelque indifférence, ou bien... Enfin, l'abus « d'agréable » cause encore plus de chagrin que ce « généralement » employé par abus... Si l'on renonçait à tous les deux — comme ce serait agréable !

❖

L'AMATEUR DE GESTES

Notre maître Stendhal nous a laissé le tableau inoubliable de la vie que l'on menait jadis en sa chère

ville de Milan. Combien l'existence y coulait doucement ! Un homme riche y vivait oisif en son palais,
occupé de beaux-arts, de chevaux et de conversations
aimables. Les « clubs » — mot horrible ! — étant
inconnus encore, l'on se réunissait chez l'un, chez
l'autre. Enfin, chaque soir, ou presque, il y avait
l'opéra.

Toute femme élégante y avait sa loge pour l'année ;
elle y recevait. Tout homme bien élevé venait au
théâtre rendre ses visites. Et les voluptueux *dilettanti*
avaient ainsi l'occasion d'entendre trois cent soixante
fois de suite les roulades de la prima donna, la canti-
lène du ténor et les hymnes des choristes... Aussi
quelle furieuse délicatesse était la leur ! Quelle suscep-
tibilité du goût ! Si le chanteur escamotait une nuance
dans le morceau de bravoure, si la cantatrice donnait
un *ut* moins perlé que celui de la veille, on vous les
boudait comme il faut, ces impertinents ! Et le lendemain, à la promenade du Corso, il n'était bruit que
du scandale de la veille, à l'Opéra.

Or, il semble bien que notre maître Stendhal,
aujourd'hui, ne serait sans doute pas trop content
de la rue parisienne, de la peinture cubiste ou des
débats parlementaires. Mais en bien d'autres points,
il jugerait que la mode n'a guère changé, et, notamment, en ce qui concerne les *dilettanti* : toutefois,
c'est de danse, et non de musique, que nous voici
férus en 1913.

Et c'est charmant ! On danse partout, dans toutes les pièces, sur toutes les scènes. Imaginez-vous une chanteuse légère, une étoile de petit théâtre qui ne détaillerait son pas à merveille, en ballerine consommée? Les plus grandes comédiennes elles-mêmes sont inquiètes : comment feront-elles quand leurs auteurs, pour académiciens que soient ceux-ci, vont désormais leur apporter des rôles comportant passe-pieds, pointes et gavottes?

Dans les familles bourgeoises également, l'on danse à force : les personnes sages se sont mises modestement au tango, cependant que jeunes filles et jeunes gens répètent le ballet pour la prochaine fête de charité, et que les tout petits exécutent le menuet à ravir. Il n'y a pas jusqu'à grand'maman elle-même qui, électrisée, ne se soit reprise à bostonner, comme on faisait de son temps. Se souvient-on d'une gravure célèbre du dix-huitième siècle, intitulée : *Une famille française?* Du marmot à l'ancêtre, chacun y fait des entrechats. Nous renouons la tradition.

Dans les théâtres de musique, naturellement, ce ne sont que ballets après ballets : et là Stendhal eût retrouvé en réalité ses habitudes, car nous avons aussi nos *dilettanti*, nos habitués, qu'un demi-quart de faute en telle ou telle pointe ferait tomber du haut mal, et qu'une erreur infime de l'étoile, au cours d'un jeté-battu, empêcherait fort bien de dormir.

On compte assurément quelques centaines, bientôt quelques milliers de pareils frénétiques, lesquels ne manquent pas un ballet, et que dis-je ! pas une représentation d'un ballet. Ces amateurs de gestes occupent exquisément tous les soirs de leur vie. Ainsi va leur passion, qu'on les voit même à l'Opéra, où ils applaudissent Zambelli, approuvent Aïda Boni, tolèrent celle-ci, celle-là, selon les cas. Nulle pirouette ne se fait à leur insu dans le plus insignifiant des music-halls : mais ils y courent, et la jugent. A peine s'ils peuvent se soutenir, à force d'émotion, en songeant que les Russes reviendront à Paris.

L'amateur de gestes a une maison près du théâtre; il s'élance vers son fauteuil au lever du rideau, il l'abandonne après le dernier des derniers rappels. Vous le voyez planté, et qui a pris racine, au milieu de l'orchestre, devant la Pavlova : il ouvre de grands yeux, il frotte ses mains, il prend sa lorgnette, il la voit de plus près, il ne l'a jamais vue si belle, il a le cœur épanoui de joie; il la quitte pour l'Isadora; de là, il va aux danseurs, d'où il revient enfin à la Karsavina, où il se fixe, où il se pâme, où il en oubliera de souper... Après minuit enfin, cet homme raisonnable revient chez soi, fatigué, affamé, mais fort content de sa soirée : il a vu des gestes parfaits.

Parlez à cet autre de la nature et du soleil, du ballet des hirondelles dans le ciel et de la ronde des bêtes en forêt, quand il y a clair de lune; vous n'articulez pas, vous ne vous faites pas entendre; il s'attache aux seuls gestes chorégraphiques. Et ne l'entretenez même pas de tous ces gestes, il n'a de l'amour que pour une certaine espèce... Ah! que La Bruyère eût bien décrit, en effet, l'amateur de gestes, à côté du curieux des tulipes et du maniaque des fruits! Il est toutefois encore plus joli de se mourir pour des danses adorables, certes, que pour des parterres de fleurs échantillonnées, à l'exemple de l'homme au jardin, ou, comme le fol du verger, tout simplement pour des prunes.

◆

LES COULEURS QUI MARCHENT

J'ai dit à cette dame : « Mais où passez-vous donc toutes vos après-midi de printemps, madame, vos belles après-midi de l'indulgent printemps? »

Et en effet, depuis un mois, on ne la rencontre nulle part, cette dame charmante, ni aux Salons, ni dans les thés, ni en visite. A peine l'aperçoit-on parfois aux courses : et encore y porte-t-elle un visage anxieux et des yeux égarés, comme si elle cherchait, épiait, s'interrogeait, se troublait. Nous l'avons encore entrevue le soir, au théâtre, mais là aussi, elle apparaît pâle et défaite, épuisée, semble-t-il, par l'inquiétude, et la méditation intérieure. Elle ne regarde personne au visage, mais ses prunelles hagardes roulent éperdûment sur les assistantes qui remplissent la salle, considérant chacune des cheveux aux talons, rapidement, fiévreusement, inlassablement, tout en poursuivant, à n'en pas douter, quelque rêve secret. Cette attitude étrange finit par alarmer tous ses amis, et ma question n'avait rien que de bien naturel.

Or, la dame charmante m'a répondu, d'une voix lointaine et désintéressée de tous ces frivoles divertissements où se complaît le commun des mortels :

— Mes après-midi?... Eh bien, mais je les passe ainsi que chaque printemps, à contempler des couleurs qui marchent, des formes qui s'animent, des dessins qui persuadent et des nuances qui chantent.

Plus de doute, elle perdait la tête : je parlais à une folle, ou bien j'avais affaire à l'une de ces hallucinées perdues par l'éther ou l'opium. Cependant elle ajouta : « Venez me prendre demain après le déjeuner, si vous voulez, nous verrons ensemble ces merveilles. »

A l'heure dite, j'étais là, le cœur un peu battant. Allais-je donc enfin connaître l'un de ces paradis artificiels, que de grands poètes ont chantés? Me ferait-on goûter du haschich, ô Baudelaire? Pénétrerais-je dans une fumerie d'opium, ô romantiques mandarins de la Chine?

Il n'en fut rien. Néanmoins, l'aventure me plongea tout vif au pays des Mille et une Nuits.

En plein Paris, nous arrivâmes devant une maison d'apparence bourgeoise, cossue même : un magasin pour le commerce occupait le premier étage. Mais aussitôt les premières salles passées, l'on pénétrait en des salons sympathiques et confortables. D'autres dames se trouvaient là : une grande animation, une certaine gaîté même régnaient. Nous nous assîmes en de bons fauteuils, et déjà je m'attendais à ce que des esclaves maures vinssent me présenter quelque tasse de moka fumant, ou bien un sorbet à la neige, ou bien des fruits prodigieux posés sur un plateau précieux, en même temps que le narghilé.

Hélas ! on ne nous offrit rien. Par contre, à peine étions-nous assis qu'une apparition ravissante se révéla : c'était une jeune femme vêtue à la façon de la sultane Roxelane. Elle s'avançait très lentement en dansant, ou du moins en « hanchant » de toutes ses forces, à tous petits pas. Elle portait les coudes rapprochés du corps et les mains écartées des hanches. Et elle ne souriait point positivement, mais elle paraissait tranquille, heureuse, et semblait dire : « N'est-ce pas que vous me trouvez bien mise? Oh ! mais patience, j'ai encore de plus beaux atours... »

Elle fit trois petits tours, et puis s'en alla. Une seconde lui succéda : celle-ci s'avançait habillée comme Mme Tallien en personne. Une autre vint, toujours en dansant d'une manière un peu monotone, mais exquise : vous eussiez dit Atala en parure de cérémonie. Une autre suivit : c'était la Castiglione en gala, pour le coup. Une autre encore : Poppée, en toilette palatine, allant voir déchirer les chrétiens. Une autre : Marie-Antoinette, au petit Trianon. Une dernière : la duchesse de Berry, habillée pour Dieppe... Et que dis-je, une dernière ! Dix, vingt suivirent à la file, toutes aussi délicieuses, toutes aussi bizarres, toutes aussi instructives, toutes aussi raffinées. Ainsi que la dame charmante me l'avait si nettement exprimé, les couleurs marchaient, les formes s'animaient, les dessins persuadaient, les nuances chantaient...

— Mais où suis-je? ai-je demandé, ravi.

— Parbleu, chez le couturier, me fut-il répondu.

Et la dame ajouta :

— J'y passe ma vie. Je viens chaque jour. Rien ne m'est plus, fors les robes. Je suis entrée en robes, comme on entre en religion. Mais allons dans une autre maison voir les toilettes d'été.

Je regardai ma montre : cinq heures. Nous ne sortîmes point de la seconde maison avant six heures et demie. C'était l'instant d'aller dîner, lorsque nous quittâmes un troisième couturier.

— Je comprends maintenant, dis-je à la dame charmante, que vous consumiez ainsi un grand mois de votre printemps et même deux. Cependant, après, quand vos robes d'été seront choisies, combinées, exécutées, essayées et perlées, vous aurez peut-être loisir de songer à autre chose?

— Mais non, répliqua-t-elle, car il ne sera que temps alors de réfléchir au sujet des toilettes d'automne. A peine celles-ci terminées, il faudra s'occuper des tenues d'hiver. Les aurai-je, que je devrai tout aussitôt penser au printemps de 1914...

Adieu, dame charmante.

❖

ET LES BRUITS DU JARDIN?

Paris est un lieu de délices, cela ne fait de doute pour personne. Dans la journée, il y a les tangos innombrables; et surtout les courses, les aimables et jolies courses de semaine. Il y a le polo, la salle d'armes, le golf. Pour quelques originaux, même, il y a le travail, le bureau ou la Bourse : à chacun ses manies, n'est-ce pas? Enfin, le soir, nous avons les ballets savoureux, les ballets délectables. Bref, on peut attendre avec sympathie le lendemain, et M. de Talleyrand serait bien empêché de nous démontrer que la douceur d'exister, en 1788, eût été supérieure à celle de se laisser vivre en notre 1913.

Néanmoins, certaines âmes sont bucoliques avec obstination. Pour ces demi-sauvages, les routes goudronnées du bois de Boulogne ne suffisent pas à tenir lieu de campagne. On a beau leur montrer chaque soir de ravissants bocages peints, parmi lesquels toutes sortes de faunes, de bergers et de bergères dansent, chantent et jouent de la flûte, croirait-on que parfois ces obstinés rêvent encore à de vrais bois où il pleut, à des jardins réels, où il fait positivement du vent, à des hectares d'herbes mouillées, où il y a de la boue? Bref, ce sont des toqués : rien à faire.

Ou plutôt, si : une œuvre sanitaire s'est enfin occupée de ces pauvres maniaques. Les Amateurs de jardins, la Nationale des beaux-arts et les Arts décoratifs leur ont un jour installé certain lieu de secours et d'asile, à savoir l'exposition de « l'Art du jardin », disposée dans le parc et les pavillons de Bagatelle. Quiconque se sent tout à coup écœuré, en plein boulevard, par la poussière empoisonnée et les relents du crottin, quiconque se met à soupirer dans la plus grande artère commerçante de Paris, j'ai nommé les Champs-Elysées, quiconque défaille à cause de la puanteur des autos, quiconque est étourdi par le vacarme, quiconque souffre de Paris enfin, n'eut qu'à prendre un taxi et se faire conduire à Bagatelle

Là, du silence, des pelouses vertes, mille parfums,

des fleurs à souhait, de l'ombre, de l'eau. Les Amateurs de jardins ont fait œuvre humanitaire en fournissant aux Parisiens le plus charmant prétexte à s'en aller rêver sous des arbres : car leur exposition fut ingénieuse notamment en ceci qu'elle invitait à la promenade. On dut chercher de bosquet en bosquet, et de roseraie en orangerie, les statues, les fontaines disséminées de tous côtés, les modèles de pavillons, les plans de parc. Quand on les avait trouvés, l'on s'asseyait, pour mieux voir, on méditait, on rêvait, on écoutait...

Ah ! mais voilà en quoi, toute bienfaisante qu'elle nous sembla, l'excursion de Bagatelle n'était pourtant pas complète : car on avait beau écouter, en ce parc, l'on n'entendait rien. Les harmonies du soir et du matin y faisaient défaut. En cette exposition exquise, consacrée aux arts du jardin, il manqua les bruits de la campagne et des fourrés, il manqua précisément les bruits de jardin.

Et tout d'abord, il n'y a pas assez d'oiseaux à Bagatelle. Nous ne savons si les rossignols s'y égosillent comme il faut pendant la nuit : mais durant le jour, et même la matinée, à peine si nous entendons quelques moineaux criailler çà et là. Insuffisant. Autour des parterres, dans les arbres, il nous fallait au contraire des trilles, des roulades et des vocalises, ainsi que la divine gaîté des alouettes ou le persiflage des merles. Un bosquet qui se respecte ne doit pas moins nous offrir.

Eh bien, et les abeilles, comment n'y a-t-on pas

songé? Imagine-t-on ce que devient le silence d'une pelouse, quand les abeilles ne se trouvent point là pour bourdonner en cadence? A défaut d'abeilles, il est nécessaire qu'une guêpe au moins ronronne, afin que l'on s'avise du calme admirable.

Puis nous devions entendre des pigeons toujours gémissants, toujours émus, ainsi qu'au loin quelques coqs insolents et provocants, dont les défis eussent rompu l'air à la cantonade. Il eût été convenable également que plusieurs paons eussent lancé d'effroyables clameurs, bouleversant le rond-point ou les allées perdues. Les cigales et leur concert menu auraient fait merveille auprès des roses, non moins que les hirondelles passant au-dessus du bassin comme des sons éperdus.

Or il n'y eut, hélas ! rien de tout cela. A peine si nous perçumes à de certaines heures le grondement d'une tondeuse, ou bien quelque râteau qui semblait drainer des perles. Mais, pis que tout, on ne disposa même pas un seul jet d'eau, un grand jet d'eau svelte parmi les marbres, non plus que la moindre cloche au voisinage, pour susurrer l'angélus du soir.

Nous demandons que l'an prochain les Amateurs de jardins n'omettent plus la symphonie bocagère : ils lâcheront des milliers d'oiseaux à Bagatelle, cacheront quelque part des paons, des coqs, créeront un bruit de jet d'eau, élèveront des cigales, feront voler des abeilles, et sonneront une cloche en sourdine vers le crépuscule. Car ce sont là les grâces d'un parc, au même titre qu'une charmille mystérieuse ou qu'un bosquet perdu, où se balance la glycine et rôdent les papillons.

◆

DANNUNZIESQUES

Il y a des admirateurs de Gabriele d'Annunzio qui n'en ont jamais lu seulement une ligne...

Mais quoi? L'on s'étonne, l'on ricane, l'on évoque avec indignation le souvenir des moutons de Panurge? « Regardez un peu, s'écrie-t-on dédaigneusement, ce jeune monsieur, cette petite dame : les voici dans tous leurs états parce qu'un livre de ce d'Annunzio paraît, parce qu'on joue la *Pisanelle,* ou parce qu'ils voient dans les « Mondanités » qu'un dîner a été offert au maître dans tel ou tel restaurant excessivement couru... Quelle pitié ! » Et de hausser les épaules.

Mon Dieu, nous voudrions répondre qu'ils ne nous semblent pas si ridicules, après tout, ce jeune monsieur et cette petite dame. Nous aurons très bien l'audace de confesser, que, nous aussi, nous admirons d'avance, et presque les yeux fermés, tout ce que nous apporte d'Annunzio; et, bien mieux, nous avouons apprendre avec plaisir qu'il a déjeuné ici, dîné là, pris le thé, causé ailleurs; son nom seul, imprimé sur une page de journal, rappelle à nos souvenirs mille rêves de jeunesse, des images de luxe et de grâce qui nous ont ébloui quand nous avions vingt ans, et qui nous étonnent toujours; nous sommes heureux que la légende s'en mêle, et que dans notre Paris un peu plat et bourgeois, malgré tout, subsiste encore une sorte de héros littéraire, qui tient à la fois de l'écrivain mondial et du *cortegiano*, de l'évocateur romantique et du linguiste le plus savant, de l'humaniste et du dandy, du grammairien et du cavalier, du grand poète de Pléiade et du sportsman, du causeur tout ensemble érudit et frivole, du séducteur fantasque, que sais-je?...

De tout cela, observera-t-on, l'on n'est point sûr : ce sont des « on dit »... Mais tant mieux, si notre temps peut encore produire des personnages de légende et de contes de fée, malgré le télégraphe, le téléphone et la photographie à distance! Rien que pour cela, nous ferions partie du cortège qui environne le seigneur d'Annunzio, quand il vient à Paris. Rien que pour cela, nous nous réjouirions de voir sur les feuilles illustrées son visage bien connu de Florentin délégué à la Cour des Valois pour le service des Muses. Rien que pour cela, nous ne pouvons sourire, sinon avec la plus vive sympathie, devant le jeune monsieur et la petite dame qui admirent si ingénument le laborieux et fécond bénédictin d'outre-monts, parfois sans l'avoir lu, et qui se disent « dannunzies- ques » avec tant d'innocence et de simplicité.

Cependant, l'on va se fâcher encore. « Dannunzies- que », qu'est-ce que c'est que ça?

Bah! rien de bien précis, évidemment. Toutefois, tenez ce mot pour un bon adjectif, quoique fabriqué. Souhaiter de mener une vie dannunziesque, c'est se trouver écœuré par la vulgarité, par les indésirables complaisances, par l'ignorance, par les fiers demi- lettrés et les médiocres barbares; c'est aimer les gestes dangereux, la beauté plastique, éclatante, exquise, innombrable, subtile, joyeuse et insolente; c'est souf- frir le martyre, oui, le martyre devant l'épouvantable niaiserie des primaires; c'est se révolter contre leur tyrannie abjecte; c'est écouter, en extase, du La Bruyère plutôt que de la philosophie cégétiste, du latin plutôt que des truismes parlementaires, et du grec, à quoi personne n'entend plus rien, mais enfin du grec savoureux et délectable, plutôt que le patois des auteurs à quatre sous... Après cela, croyez-vous que le jeune monsieur et la petite dame dont telle est la tendance secrète et vague, mais honorable en somme, ne méritent pas qu'on leur épargne la moque- rie, quand même il y aurait un rien de snobisme dans leur cas? Ma foi, vive le raffinement, et que le snobisme y arrive, si la nature n'y conduit pas toute seule!

Et puis, il faut se rappeler comment nous est à tous venu le goût « dannunziesque ». Il nous est venu à l'aurore de la vie, en écoutant chanter *l'Enfant de volupté* ; ce livre-là, c'est presque un ouvrage de classe destiné à je ne sais quelle agrégation ès sciences délicates, comme un Jules Verne supérieur, un voyage en 350 pages au pays de la culture exquise... Gabriele d'Annunzio nous aura fait beaucoup travailler, quand nous étions jeunes. Et depuis... eh! bien, mais il continue.

✦

LA LOGIQUE ET LES COURSES

Est-ce qu'il se trouve des personnes éprises de logique? Combien elles doivent s'ennuyer, et aussi comme elles doivent souffrir! Espérons du moins que ces pauvres gens sont également des résignés.

Ce qu'il y a, en tout cas, de certain, c'est que ces malheureux ne doivent guère fréquenter les champs de courses. Là, au contraire, règnent une aimable extravagance et une secrète folie. L'homme le plus raisonnable, en effet, et la femme la moins bizarre éprouvent des sentiments étranges, non moins d'ail-

leurs que contradictoires, dès qu'ils mettent le pied
sur un hippodrome, et dès qu'ils ouvrent seulement
leur journal, où figurent les pronostics pour la journée.

Par exemple, vous observerez un monsieur pensif
et grave, un sévère théoricien, celui-là, un calculateur
scrupuleux de probabilités, presque un algébriste :
vous aurez remarqué que, depuis six mois, que dis-je !
depuis un an, dix ans, vingt ans, il étudie la carrière
des chevaux, compare les performances et les origines, tient registre des épreuves passées et à venir,
peut citer les bisaïeux et les trisaïeux de tous les pur-
sang connus. Vous l'aurez vu travailler les chances des
concurrents, la veille d'une grande épreuve, jusqu'à
deux heures du matin, la plume à la main, et en se
tenant la tête, en se bouchant les oreilles. Vous vous
serez donc dit : « Oh ! voici un savant, un gaillard
sérieux et qui ne va pas se décider à la légère, ni formuler à propos de courses des pensées frivoles... »

Le lendemain, toutefois, vous l'accompagnerez à
Auteuil ou à Longchamp, et vous vous apercevrez
avec stupeur qu'il pâlit si un fiacre à cheval blanc —
terrible présage ! — vient à croiser sa route ; qu'il fait
les cornes à son chauffeur, sous prétexte que celui-ci
a le mauvais œil ; qu'il laisse toujours sur son assiette
treize fraises des bois, pas une de plus, pas une de
moins, et comptées avec soin ; enfin, qu'il note le dernier chiffre à droite du premier taxi rencontré en che-

min, et jouera le cheval correspondant à ce numéro sur le programme : si bien que tout le travail préliminaire n'aura servi de rien... Ce qui n'empêchera point le monsieur austère et méditatif de continuer mieux que jamais ses terribles études. Y a-t-il autre chose qu'une discrète et ravissante démence en tout ceci ?

Et le gagnant d'une épreuve intéressante... Ah ! c'est ici que le public tout entier témoigne d'une merveilleuse singularité dans ses émotions, et nul n'ignore à quel point celles-ci sont vives !

Un homme de sport, vraiment digne de ce titre, ne peut que souhaiter la victoire du favori. Le cheval favori qui gagne, ainsi que chacun s'y attendait, c'est le triomphe de la règle, la consécration du meilleur concurrent, du plus sage entraîneur, du plus fin jockey, la régularité des courses passées comme de la course présente. Le favori gagnant, c'est le sport radieux et légitime, le règne de Pallas Athéné sur les hippodromes. On doit se montrer ravi, et l'on ne manque pas de se déclarer tel. La victoire de *Brûleur*, dans le Grand Prix de 1913, fut un événement propre à ramener la sérénité dans les plus sombres âmes, et nul ne contredit à cela.

Néanmoins, comment donc expliquer qu'au fond de tous les cœurs, la réussite d'un favori amène toujours non pas une déception, mais un regret ?... Parbleu ! il ne s'agit point d'un regret avoué, d'un brave et gros regret à la bonne franquette : que non pas !

C'est un sentiment bien plus complexe, où il entre le goût de l'aventure, de l'imprévu, du risque impudent, du panache peut-être, et aussi quelque romantisme.

Et nous n'entendons pas seulement que les personnes jouant un *outsider* seraient contentes de toucher un cheval à grosse cote : mais hors même tout espoir de gain, le public se trouve — sans l'avouer — enchanté de voir arriver le cheval invraisemblable. Le cas échéant, l'on s'égaie et l'on s'attendrit. C'est une satisfaction un peu « feuilleton », un peu « romance », tranchons le mot, un peu vulgaire, mais indiscutable.

Ainsi le favori *Brûleur* a gagné l'été dernier, notre raison fut satisfaite, et nous avons applaudi avec une bonheur paisible. Que *Vermet* ou *Pantagruel*, par contre, fût arrivé par surprise, et nous nous serions écriés non sans un affectueux sourire : « Bah ! pas possible?... » Nous n'eussions pas été sportifs du tout; mais nous aurions eu toutes les midinettes avec nous.

✦

L'INFORTUNÉ HANDICAPEUR

Le handicapeur est malheureux.
Oui, malheureux ! Et nul ne le plaint, et nul ne

songe même à lui lancer le moindre regard de congra-
tulation ou d'encouragement. On est injuste ! Et voilà
des saisons et des saisons, des années et des années
qu'il en est ainsi. Et cela durera peut-être toujours...
On est cruel, on est odieux pour le pauvre handicapeur.

Nous ne voulons point parler ici, toutefois du
magistrat officiellement chargé sur tel ou tel hippodrome d'établir le handicap des chevaux de courses.
Celui-là est un puissant seigneur, dont les travaux
immenses inspirent le respect. Il fait des calculs considérables, décide, et l'on se soumet sans broncher.
Loin d'être jamais mal jugé, il a tous les bénéfices du
droit divin. On l'admet comme un élément, le feu ou
l'eau. Il pousse les chevaux, les repousse, ainsi que le
flux et le reflux ballottent des brins de paille : personne ne réclame, ce serait puéril. Rien à faire.

Mais l'infortuné, en revanche, le martyr, c'est le
pauvre diable qui, durant tout l'été, et jusqu'au
15 octobre, décide des handicaps au golf et au
tennis. Sur chaque plage de France, comme dans
toute ville d'eaux, il y a l'un de ces êtres marqués par
le Destin. Il fait ses quatre-vingt dix jours de purga-
toire : certains diront même d'enfer.

Or, notez que le supplice commence assez bien.
Notre homme est généralement *persona grata*, et
même *gratissima*, dans un cercle de tennis ou de golf.
Il a de l'allure, de l'autorité. Jadis il s'est battu une

ou deux fois; ou bien il a remporté des prix en courses, dans les concours hippiques; ou bien il se trouve orné de relations très flatteuses; ou encore — et c'est le plus fréquent — il compta lui-même, jadis ou naguère, parmi les athlètes fameux du sport dont on le prie de classer présentement les champions.

Tantôt vous l'apercevrez sous les traits d'un vieux gentleman élégant et fertile en anecdotes sur le temps passé. Tantôt vous le verrez jeune et glabre, ou agrémenté d'une toute petite moustache à l'américaine : il se montrera vêtu alors à la dernière mode. Mais dans l'un ou l'autre cas, on lui parle avec une sorte de camaraderie respectueuse, du moins au commencement de la saison, et c'est à qui tutoiera publiquement, d'un ton familièrement déférent, un si puissant et prestigieux personnage.

Cependant, une fois la saison bien commencée, viennent les fameux matches et parties où les joueurs sont handicapés; et c'est à ce moment que commence le calvaire du handicapeur. Pas une seule personne — nous disons bien : pas une. — ne s'estime mise en sa place, ni avantagée comme il faut. Aussi y a-t-il quelque mélancolie à voir comme les saluts deviennent plus secs, les poignées de mains plus molles, et les sourires pincés lorsque paraît le déplorable auteur de ces effroyables injustices. C'en est fait de la considération et de la sympathie qui l'entouraient : voici qu'on l'accuse de légèreté, d'étourderie et d'incapacité notoire, sinon de partialité, peut-être même d'une évidente vénalité. Finis les tutoiements amicaux; éteints, les bons sourires; le soupçon est né, la haine suivra; c'est le désastre.

Et encore celui-ci va-t-il s'accentuer, car bien d'autres handicaps seront encore imposés avant le 15 octobre. Or, il n'y en aura pas un qui n'amènera quelque surcroît d'exaspération... Bref, quand tomberont les premières feuilles, le handicapeur, universellement maudit, se verra brouillé sans remède avec tout le monde. Un beau matin, écœuré, il partira sans tambour ni trompette, en rasant les murs, afin de ne voir personne et de passer lui-même inaperçu, par crainte d'agression... Est-ce qu'on sait jamais?

Du reste, qu'est-ce exactement que le handicapeur? Un monsieur qui cherche à faire régner la justice, ni plus, ni moins. Quoi de plus impopulaire?

Quiconque juge autrui se voue par là-même à l'exécration publique. Et, certes, tout le monde n'a pas la faculté de voiler aussi délicatement sa pensée que l'illustre chevalier Pini, par exemple, l'escrimeur italien bien connu. En effet, son ami Chevilliard l'ayant un jour déclaré officiellement battu dans un match, notre chevalier Pini jetait feu et flammes, et promettait audit Chevilliard la mort et les poisons, sans préjudice de quelque terrible coup d'épée. Pourtant, s'étant précisément trouvé nez à nez le lendemain sur le boulevard avec son juge de la veille, il se contenta de sourire tristement, et le prenant par le bras :

— Ah ! mon pauvre, lui dit-il, hier soir tu as vendu ta part de paradis.

Et ce fut tout.

Dieu donne aux handicapés une telle mansuétude envers leurs bourreaux !

✦

UNE LÉGÈRE AFFECTATION

Oh ! c'est bien peu de chose...

Et c'est même en vérité très gentil. Il n'y aurait peut-être qu'une mesure, ou du moins un soupçon de mesure à garder, et encore... et encore non, c'est charmant comme cela... Enfin, voilà de quoi il s'agit.

Supposons que nous soyons à la campagne, dans un château, mais là, ce qui s'appelle un beau château, avec des valets de pied en culottes courtes — parfaitement ! — et des tapisseries du dix-huitième à petits personnages, avec des automobiles, des chevaux, des boulingrins et le téléphone dans toutes les chambres. Figurons-nous encore que c'est la fin d'un magnifique jour d'été. Tout à l'heure on va dîner finement et délicieusement : les femmes décolletées seront ravissantes; les cristaux, les plastrons des smokings éblouiront les yeux, l'esprit fusera de toutes parts — nous rêvons, n'est-ce pas, qu'est-ce qu'on risque? — Après le dîner, la soirée sera douce, tiède, les charmilles émouvantes, le café savoureux sur la terrasse perdue dans l'ombre... Bien.

Or, soudain, une nouvelle imprévue se répand brusquement : il paraît qu'un cirque vient de s'installer au village. Il campe, ce cirque, demain matin il aura replié bagages, après avoir donné une seule représentation ce soir, justement, ce soir même...

Grands dieux! le cirque!... Adieu, la nuit charmante, adieu, le café sous les étoiles! Bousculés, les cristaux, les mets exquis! Éteint, l'esprit des convives!... Il faut aller au cirque, et que dis-je? y courir bien vite, y voler! Notez bien qu'on y étouffera, dans le maudit cirque, le spectacle y sera lamentable, pauvre en tout cas; l'atmosphère empestera, et même — révérence parler — l'on y prendra des puces... Mais n'importe, on s'y précipite, et rapidement.

Sommes-nous au bord de la mer, en une jolie villa, plutôt que dans un château? Vivons-nous tout bonnement dans notre paisible et gracieuse petite maison d'Ile-de-France? Soit. On annoncera qu'il y a la fête à côté, un cinéma, des saltimbanques : même enthousiasme, même affolement.

Quoi de plus naturel, d'ailleurs? On est aux champs, les soirées sont longues, sinon les jours, et l'on se distrait comme on peut. Seulement...

Seulement, où l'on se fâche, c'est lorsqu'on assiste à l'espèce de délire dont se trouvent saisies toutes les personnes présentes — et les plus élégantes, notamment — à la pensée du cirque, du cinéma ou de la foire.

— Oh ! moi, s'écrie une jeune dame, j'adore le cirque !

— Moi, j'en raffole, poursuit une autre. Ah ! les clowns ! Le cheval savant ! L'équilibriste !

— Moi, le cinéma me grise ! Voilà un spectacle, à la bonne heure !

— Moi, ce sont les boniments des baraques !

— Ne nous parlez pas de vos théâtres !

— Ni de votre Chambre des députés !

Etc... Et remarquez qu'à Paris la même scène se reproduit. Toutefois, c'est ordinairement le mélodrame qui la provoque : « A la bonne heure ! Un brave mélo, bien gros, bien noir, voilà qui repose, voilà qui est amusant, voilà qui ne fatigue pas. Moi, voyez-vous, toutes vos pièces, tous vos romans, je les donnerais pour un honnête mélo. »

Eh bien, non, c'est excessif. Avant de tenir ces propos de vieux dilettante saturé d'art, il faudrait en être en effet saturé, imprégné. C'est bien gracieux de faire l'enfant, et de battre des mains en s'écriant :

« Quel bonheur ! voici enfin le guignol !... » A conditiou
pourtant qu'on ne soit pas vraiment trop sincère.

Car, si nous devions conclure que toute une majo-
rité de nos contemporains ne devient ivre de joie que
si on la conduit à ces spectacles bien aimables, mais
un peu simplets, ce serait tout de même décourageant.

Pourquoi donc? répondra quelqu'un. La reine
Marie-Antoinette jouait bien à la fermière, et les contemporains de Jean-Jacques prétendaient n'aimer que
les pures joies du village : nous n'avons pas changé.
Le cinéma ambulant, les saltimbanques, tels sont les
plaisirs de Jeannote et de Mathurin...

Évidemment, et encore une fois, ce n'est pas bien
grave : tout cela ne finira pas si mal que Trianon.

◆

UN PETIT JEU PERDU

Voici enfin la paix signée dans les Balkans, voilà
finie l'horrible guerre. Qui ne s'en réjouirait, et de
tout cœur?... Mais en même temps a disparu un bien
joli jeu de société, qui nous aura passionné tout un
hiver, tout un printemps et presque tout un été — mais

l'été surtout. En villégiature, au bord de la mer et dans les châteaux, il y avait là une grande ressource pour les jours de pluie, pour les repos du bridge ou du tango : c'était très décaméron de casino, loisirs de plage et vie de château... Or, il va nous falloir trouver autre chose.

Le petit jeu dont il s'agit n'avait point de nom. Nul besoin de cartes, de dominos ou de pièces d'échecs pour s'y livrer : c'était un jeu de conversation et tout particulièrement un jeu de société. Non seulement une personne seule ne pouvait s'y adonner en aucune façon, mais encore le plaisir languissait un peu si l'on se trouvait deux ou trois partenaires, sans plus. En revanche, une partie de cinq ou six joueurs devenait presque aussitôt mouvementée; elle s'animait extraordinairement entre huit ou dix adversaires, et tournait presque à la crise de nerfs, sinon au drame, dès que l'on avait dépassé ce chiffre... Ah ! qu'était-ce qu'un fade « Pigeon vole », ou que ces vieillots jeux des charades ou des proverbes, à côté d'un divertissement aussi complet et aussi raffiné, à tous égards ?

Comment donc le définir, toutefois ? Si l'on veut s'exprimer tout bonnement et en gros, le jeu consistait à parler de la guerre des Balkans, voilà. Oui, voilà : mais on n'a rien dit en n'exprimant que ces simples petits mots, « parler de la guerre des Balkans ». Il y a bien d'autres nuances !... D'ailleurs, nous aurons plus vite fait de décrire une partie, que de prétendre à enfermer ce plaisir savoureux et compliqué dans une pauvre formule.

Supposons qu'il se soit trouvé une dizaine de joueurs réunis dans un salon ou un jardin, autour d'une table exquisement servie, ou sur une plage, devant un grand coucher de soleil. Parmi ces joueurs, admettons qu'il y ait eu quatre femmes et six hommes, par exemple, et que — si l'on veut vraiment corser la partie — trois au moins de ces dames eussent été sensibles et ravissantes.

Tout à coup, celui des joueurs qui se chargeait d'engager l'action, murmurait simplement : « Avez-vous lu les dernières nouvelles, touchant la guerre des Balkans? » Il n'en fallait pas davantage. L'un des partenaires répliquait immédiatement que les Grecs venaient d'entrer à Sofia, ou les Bulgares à Athènes, que le roi de Serbie était nommé par acclamation sultan des Turcs, que le Monténégro envahissait l'Allemagne, ou toute autre nouvelle aussi imprévue, dont ledit partenaire affirmait être certain, archi-certain, qu'il tenait d'une ambassade ou du cousin d'un beau-frère de l'oncle d'un personnage extrême-ment important. Un autre partenaire contredisait aussitôt, ripostant par des renseignements tout oppo-sés, quoique également sûrs, et tenus de source non moins impressionnante. Et voici déjà la lutte des fausses nouvelles et l'étalage des relations flatteuses; très amusant.

Cependant, ce n'était là qu'un prologue, qu'un simple début de partie. Il était bientôt suivi par une controverse extrêmement séduisante au sujet de la politique extérieure, de l'équilibre européen, de la persistance des guerres et de l'avenir de l'humanité. Ceci était proprement le tournoi, la passe d'armes de ces messieurs : car ils éblouissaient alors l'assistance par une compétence merveilleuse, et par là rude, non moins que sarcastique énergie de certaines constatations guerrières. Les plus coquets y joignaient un certain ton délicatement amer et désabusé. Ils vous avaient la plus charmante façon de dire : « C'est bien humain... » Hélas ! par quoi remplacerons-nous désormais ces ironies supérieures, que déchaînait si agréablement la crise des Balkans ?

Enfin, une fois terminés, cette parade et cette espèce de carrousel intellectuel, le moment le plus voluptueux de la partie arrivait : c'était l'aveu — que l'on murmurait un peu bas, et non sans quelque tendre frénésie — de ses préférences secrètes... Ah ! délicieux !... Sentez-vous combien il était avantageux de trahir involontairement son caractère en déclarant : « Moi, je confesse que je suis pour ceux-ci, que j'adore ceux-là, que j'admire les uns, mais que mon cœur est avec les autres, etc... » Un homme énergique s'écriait : « Les Bulgares quand même ! » Une âme douce et pitoyable s'attendrissait à ravir sur les Turcs. L'artiste faisait : « Pour moi, que voulez-vous, la Grèce est toujours la Grèce. » Le brillant causeur raffolait des Serbes, et expliquait pourquoi. L'esprit plaisant goûtait surtout, et sans répit, le Monténégro.

Combien il était doux, pour ces messieurs, de briller ainsi devant les dames ! Avec quelle grâce, également, ces dames ne pouvaient-elles point, de la sorte, témoigner de leurs rares qualités de cœur et d'esprit?... Et de quoi, diable, allons-nous parler, à quoi allons-nous jouer, maintenant que la paix est signée? Vous verrez que nous en serons réduits à commenter la pluie et le beau temps !

❖

TOUT PETIT

Est-ce qu'il y a des gens pour prétendre que les femmes ne sont pas parfaites?

Comme c'est mal !

Nous nous déclarons hautement surpris, bien au contraire, de leurs constantes et fermes vertus, et non point seulement de ces vertus souriantes et naturelles à des caractères gracieux, telles que la bienveillance, la douceur ou la bonne humeur, mais encore des

vertus les moins frivoles de toutes et les plus inatten-
dues, parmi lesquelles nous nommerons particulièrement la modestie.

On va sans doute se récrier... Mais pour constater
à quel point, en effet, la fleur d'une modestie charmante a parfumé leurs âmes, il suffit tout simplement,
bien simplement, d'écouter nos compagnes ravissantes, cependant qu'elles font leurs malles. L'été,
par exemple, on en trouve à chaque instant l'occasion tout justement : car ayant bien dansé le tango
à Deauville, nous allons le danser ensuite à Dieppe, à
Dinard ou ailleurs, après quoi nous le danserons le
mois prochain dans différents châteaux, avant que de
rentrer le danser à Paris, quand la bise sera venue. Nos
compagnes délicieuses emplissent et vident plusieurs
fois leurs malles : et ce n'est point une petite affaire.

Observez-les donc attentivement, cependant qu'elles surveillent la, ou les femmes de chambres occupées
à emballer les robes pour les tangos du matin, de la
journée, du crépuscule, du soir, de la nuit et de l'aube,
les tenues de golf et de yacht, de chasse et de tennis,
de cheval et de pêche à la truite, les trente-six chan-
dails et les toilettes pour toutes les nuances du thé,
depuis le thé-bridge jusqu'au thé-musique, depuis le
thé-médisances jusqu'au thé-rêverie, et même jusqu'au thé-tendre... Remarquez bien leur contenance,
durant cette opération considérable et presque stra-
tégique. Les voyez-vous considérer avec complai-

sance ou vanité leur train somptuaire? S'attardent-elles à manier les belles étoffes, à faire tourner en dilettantes sur leur poing les immenses aigrettes, affublées de tout petits chapeaux, qu'elles se mettront bientôt sur la tête pour effrayer les oiseaux du bocage ou des grèves?

Que non pas! Ces dames sont là, posées sévèrement sur une chaise, sans emphase ni affectation d'aucune sorte, et toutes à leur travail de général en chef, dominant d'un œil d'aigle, froid et précis, les vastes camps des cartons innombrables, les lignes mobiles des robes, les grandes masses des manteaux sombres ou brillants, l'infanterie légère des lingeries, les batteries de bottes, la cavalerie des escarpins et des souliers divers, ainsi que le service des aérostats, j'ai nommé les ombrelles. Au lieu de s'enorgueillir devant ces richesses accumulées, elles ne s'en flattent guère, et ne songent qu'à donner des ordres nets et utiles, rien de plus.

Et en quels termes sont-ils formulés, ces ordres? Écoutez plutôt :

— Marie, disent-elles, mettez ici la petite jupe bleue... Ici, le petit manteau cerise et argent... Ici, les petits souliers de daim... Là, le petit tailleur jaune... Là, les petites chemises brodées...

Tout ce qui les touche ou leur appartient est donc petit, à les en croire, même les manteaux, même les chapeaux élevés d'un mètre quarante, même les lingeries miraculeuses... N'y a-t-il point là l'indice d'une modestie véritablement angélique?

Et vous suivrez ensuite ces dames au golf, au casino, dans les boudoirs des châteaux. Vous les entendrez qui causeront entre elles :

— Vous avez une belle villa, chère madame. — Oh! vous savez, c'est une petite maison que nous aimons bien. Elle est surtout commode : il y a un très bon petit tramway qui conduit à la plage. Un petit chemin vert mène au golf. On arrive à passer gentiment ses petites journées. — Ma foi, oui. Le bain à une heure, déjeuner à deux, un petit tango, un petit bridge, encore un petit tango, et voilà qu'il est temps de dîner. Après le dîner, un petit tour au baccara... Oh! vous savez, je joue petit jeu, moi. — Qu'est-ce que vous appelez petit jeu? — Mon Dieu, le temps de perdre vingt ou vingt-cinq petits louis...

Que de délicatesse en ces humilités! Et pour les relations, c'est la même chose : tout homme sympathique et qui ne grisonne pas encore, toute femme «agréable» et d'un an moins âgée que la personne qui parle, s'appellent : «Le petit X..., la petite Une Telle.» Plus ces petits-là, du reste, jouiront d'une situation brillante et flatteuse, plus ils seront petits.

Si tout cela n'est point modestie, alors ce mot aura donc changé de sens.

LA « TRÈS MOUTARDE »

Qui de nous n'aura connu quelque dame respectable qui sera partie, un peu avant l'août, pour une plage à la mode? Supposons que cette dame était aimable, mais réservée, sinon timide, silencieuse et discrète à l'excès. Il fallait presque user de ruse pour l'amener à manifester sa présence en une société un peu bruyante et nombreuse. Dans une soirée, elle s'asseyait à l'écart, modestement. Au cours d'un bal, vous fussiez peut-être parvenu à la faire lever pour une petite valse de tout repos, mais en l'entraînant de force, et à l'instant seulement que tout le monde s'en allait, comme s'il se fût agi d'une extravagance absolument extraordinaire. Bref, une violette, à la fin de juillet.

Or, voici septembre et la chasse qui s'ouvre; la dame a quitté la plage à la mode pour les champs à perdreaux, les casinos pour les châteaux. Vous la revoyez donc — mais en quel état, miséricorde!

Ce n'est pas qu'elle ait cessé d'être respectable. Au contraire, elle l'est peut-être davantage encore : une personne qui vient de passer un mois dans une villa de quarante mille francs, sinon dans une chambre à

180 francs par jour, inspire un respect presque ému, et une déférence voisine de la stupeur. Toutefois, vous avez peine à reconnaître votre amie, naguère si effacée, et tellement peu bruyante. Aujourd'hui, en effet, à quelque heure que vous entriez chez elle, le piano résonne, la guitare murmure, ou le gramophone retentit. Et elle danse, son mari danse, ses enfants dansent. Lui demandez-vous si elle a passé un bon été, qu'elle vous répond tout soudain, avec une impétuosité prodigieuse.

— Je crois bien !... Un peu fatigant, pourtant.

— Vous aurez trop dansé ?

— Jamais trop !... Mais nous avons tant combattu, on s'est tant disputé ! A la maison nous étions pour Duque, ou pour le petit Vlad, contre Bayo. Ceux-là sont des professeurs sublimes ; celui-ci ne devrait même pas enseigner. Son tango est raide, et sa méthode désastreuse. Allez-vous nous soutenir le contraire, par hasard ?

Ne vous en avisez pas : déjà son œil brille, déjà sa voix tremble d'indignation ! Et songez d'ailleurs que, demain, elle sera peut-être pour ce prestigieux Bayo contre le fameux Duque ou l'incomparable Vlad. Ces luttes entre disciples sont furieuses autant qu'épouvantables. Mieux vaut demander à cette dame, autrefois timide, de vous montrer un pas, deux pas, dix pas... Y eût-il là une foule attentive et innombrable, que la dame se lèvera néanmoins tout

aussitôt, et que, sans se faire davantage prier, elle
vous exécutera cinquante rigodons, marches, pirouet-
tes et entrechats, tous et toutes plus étranges les uns
que les autres : pas de l'ours, pas du dindon, maxixe,
double et triple boston, *one step, two steps,* etc...

Car il n'y a pas que le tango, ainsi que l'on pourrait
croire, mais maintes autres danses ondoyantes et
diverses que nos sœurs, nos femmes et nos mères ont
apprises cette saison sur les plages à la mode. Pas un
thé, au bord des vagues les plus coûteuses, où nos
élégantes correctement maussades et nos dandys
négligemment compassés n'eussent tournoyé et gam-
badé sans trêve; quant aux salles de bal, si mornes
les autres années dans nos casinos, elles étaient noires
de monde. Cependant, que de variété dans l'universelle sauterie de Saint-Guy-sur-Mer !

N'y avait-il pas quelque grâce particulière à voir,
par exemple, un smoking délectable se pencher vers
une exquise jeune fille, et lui dire : « Un petit tour de
dindon, mademoiselle? » Ou bien, en se troublant un
peu, c'était un cavalier qui murmurait plus tendrement à sa danseuse : « Ah ! madame, qu'il m'est doux
d'entendre cette *Très moutarde* ! Avec quelle suavité
je me prépare à danser avec vous une ravissante
« promenade autour du château !... »

Sur quoi, les accents enivrants de la *Très Moutarde*
s'étant élevés en effet, voici que le cavalier charmant
et la jeune femme adorable se mettaient à arpenter

en pantins la salle de bal, à s'y poursuivre comme
s'il s'agissait de perdre un kilo avant minuit pour
monter en course : car telle est la danse inattendue
appelée la « promenade autour du château ». On eût
mieux fait de la nommer le « footing autour de la
piste ».

N'est-ce point fort joli?

Mais quoi, demandera-t-on, les dames les plus
raisonnables sautillaient-elles vraiment ainsi la « promenade autour du château?... » En trépignant, et
ventre à terre, voulez-vous dire ! Et quant à la *Très
moutarde*, elles en redemandaient.

✦

LA VIE DE CHÂTEAU

Qu'il y a de méchantes gens, tout de même ! L'on
ne voit que trop de ces soi-disants observateurs, de
ces prétendus boulevardiers qui raillent toujours, et
ne sont bons qu'à faire des mots à propos de tout.
Aucune poésie possible avec ces êtres terre-à-terre :
ils ricanent devant les plus attendrissantes traditions,

ils appellent ça des ragots de bonnes femmes et des légendes. Tenez-les enfin pour des destructeurs d'idéal : c'est une vraie peste dans un pays.

Certains de ces mauvais esprits ne vont-ils pas jusqu'à parler de la vie de château — mais la connaissent-ils? — d'une façon étrangement prosaïque et non sans un petit air renseigné, voire désabusé, que nous nous permettrons de juger ici bien comique. En vérité, leurs propos en l'air n'ont pas grande valeur, et ils pèchent autant par ignorance que par envie peut-être. Néanmoins, il n'est rien de si agaçant que de voir ces poseurs étendus nonchalamment dans un fauteuil, après dîner, le cigare aux lèvres, sinon négligemment accoudés dans les bars, alors qu'ils pérorent de ce ton ridiculeusement averti et supérieur, comme avec cette autorité sottement qualifiée de « parisienne », qui exaspéreraient un saint, avouez-le !

Or, que disent-ils donc, touchant les châteaux, ces fameux philosophes de salon, ou de café, à qui rien n'échappe, croient-ils? En quels termes laborieusement désenchanteurs viennent-ils donc là parler de ce qu'ils ignorent? Écoutons-les un instant déclarer, avec un sourire qu'ils supposent bien fin :

— Comme l'on se fait des idées romanesques ! Quand on se promène en auto, le dimanche ou pendant les vacances, il arrive souvent que l'on passe devant de splendides demeures, roses ou grises sous leurs toits pointus, souriant à la route derrière des grilles majestueuses, rêvant au bord de paisibles étangs, boudant parmi les hautes futaies de parcs centenaires, dominant le pays du haut de roches émouvantes, ou présidant aux grâces de merveilleux parterres fleuris tracés d'après Le Nôtre. Ce sont les admirables résidences historiques, ou celles qui datent seulement du temps de ma tante Tirelire... Ah ! les beaux châteaux !

« Or, nous les voyons vides toute l'année, mais nous les savons habités de septembre à décembre par leurs heureux propriétaires : et elles nous semblent si augustes, si touchantes et vénérables, ces vieilles maisons princières, que nous les enveloppons aussitôt d'un voile de poésie. Il nous semble que l'on y puisse mener seulement une existence romanesque, composée de fêtes parées et de chasses grandioses; nous nous figurons que, chaque soir, des galas étonnants charment les yeux des hôtes. Nous présumons surtout que cette vie de cour, si l'on peut la nommer ainsi, fait inévitablement renaître tous les fastes qui fleurissaient jadis, quand nous avions précisément des cours; que les esprits des châtelains en deviennent comme ivres de rêve et d'imagination, que les hôtes sont en proie du matin au soir à l'émotion versée par ces décors incomparables, souvent même poignants, et que le moindre invité se juge tenu de jouer au spirituel et brillant causeur parmi ces tapisseries, ces boiseries, sous ces portraits d'ancêtres portant les mouches et la perruque, l'épée et l'éventail, les gants et le sourire...

« Eh bien, pauvres badauds que nous sommes, il nous faut laisser là nos chimères et nos coquecigrues. Pourquoi voulez-vous que les hôtes, ramenés chaque année par l'automne dans les châteaux, changent quoi que ce soit à leurs goûts, à leurs manières ou à leur conversation? Ils viennent là pour être heureux, n'est-ce pas? Or, ce qui les rend heureux, c'est de poursuivre leur train-train de Paris. Aucun parc, si noble soit-il, non plus qu'aucune promenade en un pays même sublime, ne pourront jamais valoir un bon petit parcours de golf. Que serait l'entretien de Rivarol ou de Chamfort, comparé à ces braves « potins » de tout repos, ou à ces heureuses conversations touchant les mariages, les cousinages, etc... Non, croyez bien qu'en ces châteaux, qui vous troublent si fort, les hôtes ne font rien de plus extraordinaire qu'à La Boulie ou au bois de Boulogne, et quand ils causent, vous vous croiriez tout bonnement au cercle ou dans n'importe quel thé de la place Vendôme... »

Ainsi parlent nos éminents critiques. Mais ce sont des sots et des impertinents. Ils n'entendent rien en ces matières, et ne cherchent qu'à nous gâter nos rêveries.

Or, la vérité vraie, c'est que l'on coule dans les châteaux des jours prodigieux et des nuits plus surprenantes encore. On y chasse comme au temps des Valois, les cours retentissent sans trêve du fracas des trompes et des palefrois. De perpétuels romans d'amour s'ébauchent à la faveur du troublant automne. Il y a des fées dans le bois voisin, des farfadets sur l'étang dès six heures du soir, et un ermite au bout des prairies, dans une cabane. La Pompadour en personne a gravé ses initiales au diamant sur une vitre, et l'on plaisante à ce sujet d'une manière exquise en buvant, non pas du vulgaire thé, mais le vin des îles et la liqueur de Mme Amphoux. Des convives éblouissants vous rompent la tête à force de saillies et d'étincelants paradoxes, durant tout le dîner servi par des valets poudrés. Et chaque soir, à minuit, une jeune femme quitte le bal précipitamment, puis se sauve à travers le parc : vous l'avez deviné, c'est Cendrillon.

TABLE DES MATIÈRES

Chartres. — Imprimerie Ed. GARNIER. 136.10.13.

www.ingramcontent.com/pod-product-compliance
Ingram Content Group UK Ltd.
Pitfield, Milton Keynes, MK11 3LW, UK
UKHW022324090726
13658UKWH00001B/73